W0053546

ullstein

»Lass die Ängste deiner alten Welt los, und betrete die Wunder der neuen Welt. Kreiere dir das Leben so, wie du es wirklich leben willst.«

Domitila Barros wurde in Brasilien in einer Favela namens »Schusslinie« (Linha do Tiro) geboren, in der bis heute mehr als 25.000 Menschen leben – ohne Schulen, Krankenhäuser, Polizeistationen oder Spielplätze. Ihre Eltern gründeten dort Mitte der 80er-Jahre ein Straßenkinderprojekt, um Kindern eine Lebensgrundlage und Zugang zu Bildung zu ermöglichen. Mit minimalen Mitteln große Erfolge erzielen ist nur eines von vielen Dingen, die Domitila in dieser Umgebung lernte.

Domitila Barros arbeitet heute als erfolgreiche Unternehmerin, Greenfluencerin, Business-Coach und Model. Sie erzählt in ihrem Buch, wie sie Armut und Gefahren in der Kindheit nicht nur überlebte, sondern auch, wie sie Krisen und Belastungen bewältigte. Seither nimmt sie Probleme als Herausforderungen an, denn sie sieht sie als »Chancen für die eigene Zukunft. Durch meine Kindheit in einem weniger privilegierten Teil dieser Erde habe ich die Auswirkungen nicht nachhaltigen, umweltschädlichen und menschenverachtenden Handelns aus erster Hand miterlebt. Daher sind mir die Werte Nachhaltigkeit, Umweltschutz und soziale Gerechtigkeit so wichtig«.

DOMITILA BARROS wurde 1984 in Recife, Brasilien geboren. Nach der Schule studierte sie dort Sozialpädagogik und absolvierte ihren Master in Sozial- und Politikwissenschaften an der Freien Universität Berlin. Sie ist Unternehmerin und Greenfluencerin und arbeitet als Business-Coach, Schauspielerin und Model. Am 19. Februar 2022 wurde sie Miss Germany 2022, deren Kandidatinnen seit 2021 nicht mehr nur nach ihrem Aussehen, sondern vor allem nach ihrer »Mission« bewertet werden.

Weitere Informationen erhalten Sie unter:
Webseite: http://domitilabarros.de/
Instagram: @domitila_barros

Domitila Barros

Rebel Dreamer

Wie mich die Favela auf das
Leben vorbereitete,
um das wahre Glück zu finden

Unter Mitarbeit von Lena Schindler

Ullstein

Besuchen Sie uns im Internet:
www.ullstein.de

Wir verpflichten uns zu Nachhaltigkeit
- Papiere aus nachhaltiger Waldwirtschaft und anderen kontrollierten Quellen
- ullstein.de/nachhaltigkeit

MIX
Papier | Fördert
gute Waldnutzung
FSC® C021394

Originalausgabe im Ullstein Taschenbuch
1. Auflage Juni 2024
© Ullstein Buchverlage GmbH, Berlin 2024
Wir behalten uns die Nutzung unserer Inhalte für Text und
Data Mining im Sinne von § 44b UrhG ausdrücklich vor.
Umschlaggestaltung: zero-media.net, München
Titelabbildung: © Arne Totz
Satz und Repro: LVD GmbH, Berlin
Gesetzt aus der Kepler STD
Druck und Bindearbeiten: ScandBook, Litauen
ISBN 978-3-548-06890-9

Inhalt

Prolog

Mein Leben hat seinen Ursprung in einer brasilianischen Favela, aber ich beginne mit der Gedächtniskirche in Berlin. Denn sie steht in der Stadt, in der ich heute lebe.

Diese Kirche ist für mich ein Sinnbild dafür, wie mein Weg auch hätte sein können. Wie sie dasteht mit ihrer Spitze, die seit dem Bombenangriff von 1943 schwer beschädigt ist, erzählt sie stumm so viel. Über den Zweiten Weltkrieg. Aber auch darüber, wie wir Menschen mit Verwundungen umgehen. Mit dem, was wir gesehen und erlebt haben. Was wir seither in uns tragen. Sie zeigt, wie wir nach einer heftigen Erschütterung weitermachen können.

Aber das ist nur *eine* Möglichkeit. Wir haben eine Wahl, wie wir unser Leben gestalten. Traumatische Erfahrungen können uns nachhaltig erschüttern, so wie dieses Mahnmal für immer beschädigt bleiben wird. Wir können aber auch die Vergangenheit hinter uns lassen. Denn nur so kann das Neue entstehen.

Im geschichtlichen Kontext finde ich den Anblick dieser »verwundeten« Kirche wichtig. Damit wir gezwungen sind hinzusehen, uns daran zu erinnern, wozu wir fähig sind. Was wir einander antun. Wir müssen auf diese Weise darauf gestoßen werden. Das ist richtig und wichtig. Aber für mein eigenes Leben darf ich mich entscheiden, anders damit umzugehen.

Ich bin in der Favela Linha do Tiro in Recife aufgewachsen, was übersetzt »Schusslinie« bedeutet. In extremer Armut, mitten in einem Straßenkinderprojekt, das meine Eltern 1983 gegründet haben. Dort habe ich viel Elend gesehen. Doch trotzdem wollte ich nie zulassen, dass Trauer und Schmerz mein Leben bestimmen.

Hunger, Gefahr und Gewalt waren in meiner Kindheit und Jugend allgegenwärtig. Ich hätte darüber verzweifeln oder depressiv werden können. Doch je bewusster mir wurde, wo ich zu Hause war, umso mehr wuchs in mir die Dankbarkeit, überhaupt auf der Erde sein zu dürfen. Ich begann, das Leben als Möglichkeit zu begreifen, die ich auf keinen Fall ungenutzt verstreichen lassen wollte. Wer schon früh Menschen durch Gewalt verloren hat wie ich, der schiebt nichts auf, der redet nicht über die Dinge, die er verändern will, der nutzt seine Chance. Der macht einfach. Und wird jeden Tag darüber staunen, welche großartigen Sachen ihm passieren können.

Vor vielen Jahren war ich davon überzeugt, dass mich die Umstände, unter denen ich groß geworden bin, zu dem Menschen gemacht haben, der ich bin. Ich hatte mich mit einer früheren Version meiner selbst identifiziert und konnte mich nur schwer mit dem Gedanken anfreunden, dass diese Version vielleicht gar nicht mehr existierte. Es war eine Zeit der Transformation, in der ich weder mein altes Ich vollständig hinter mir gelassen hatte, noch wusste, wohin mein neues Ich mich bringen würde. Damit möchte ich nicht sagen, dass die

Erfahrungen, die ich gemacht habe, keine Rolle spielen und mich nicht geprägt hätten. Ganz im Gegenteil. Zunächst musste ich jedoch meine Vergangenheit vollständig akzeptieren, um bereit zu sein für mein wahres Selbst.

Ich hatte viel Pech, aber genauso viel Glück im Leben. Der Entschluss, meine Lebensgeschichte aufzuschreiben, kam mir in einer Zeit der Verzweiflung. Ich hatte das Gefühl, dass meine Fähigkeiten keinen Wert in unserer Gesellschaft hätten. Fühlte mich verloren und unverstanden. Mit den Werten meiner Generation konnte ich mich nicht identifizieren. Es fiel mir schwer, mich darin wiederzufinden, sie zu verstehen und vielleicht sogar wertzuschätzen. Damals hörte ich von jemandem, den ich sehr liebe: »Domitila, du sollst dich nicht ändern oder danach streben, was erfolgreich zu sein scheint. Nicht alle haben so eine Geschichte, so einen Glauben und Lebensweg wie du. Nur sehr wenige Menschen haben dieses Privileg, die Welt verändern zu können.«

Die Welt verändern? Das klang so groß, fast vermessen. Aber wenn ich ehrlich bin, dann war es genau das, wovon ich träumte. Meine Definition von Erfolg mag eine andere gewesen sein als die vieler Menschen, aber mein Ziel war es, Dinge zu bewegen, etwas zu hinterlassen, das bleibt. Und wenn ich tief in mich hineinhorche, dann wollte ich das schon immer.

»Der Planet braucht keine erfolgreichen Menschen mehr, der Planet braucht dringend Friedensstifter, Heiler, Erneuerer, Geschichtenerzähler und Liebende aller Arten«, lautet ein Satz, der dem Dalai Lama zugeschrieben wird. Deshalb nahm ich all meinen Mut zusammen, um zur Erzählerin zu werden.

Meine eigene Geschichte erzählen zu dürfen erfüllt mich

mit Dankbarkeit. Dafür, anderen etwas mitgeben zu können, das vielleicht einen positiven Einfluss auf ihr Leben haben wird. Sie zu motivieren, mutig zu sein und ihren Weg nach den eigenen Wünschen und Vorstellungen zu gestalten. Denn mein Lebensweg mag vielleicht außergewöhnlich sein, aber im Grunde ist jedes Leben besonders. Alle tragen ihr Päckchen – egal, aus welchem Umfeld sie kommen. Es mag viel Ungleichheit auf der Welt geben, aber an dieser Stelle gibt es zwischen Arm und Reich keine Unterschiede. Niemand denkt an die Vergangenheit und sieht nur Momente der Freude. Auch mit einem Trauma kann man lernen, dem Leben positiv zu begegnen und Widerstände zu überwinden.

Wir sind alle gleich, aber manche sind gleicher als die anderen. Viele haben von Geburt an Privilegien, die ich nicht hatte. Trotzdem hatte ich immer dieses Bild von mir: Ich wollte weit kommen. Obwohl wir nichts hatten, sah ich mich auf einer großen Bühne. Das kommt vielleicht nicht zuletzt von meinen Eltern, die mir beigebracht haben, dass Träume nie zu groß sein können.

Ich empfinde inzwischen keine Schuldgefühle mehr, weil ich ein Leben führe, das für viele, die unter ähnlichen Bedingungen geboren wurden wie ich, unerreichbar scheint. Denn niemand hat mir etwas geschenkt. Durch Bildung und harte Arbeit habe ich selbst mein Leben verändert. Aber ich schulde es mir selbst, etwas Sinnvolles mit meiner Zeit anzufangen. Und da ich heute beides kenne, die Armut und den Wohlstand, kann ich die Dinge globaler betrachten. Sehen, wie alles zusammenhängt. Darum sind Nachhaltigkeit, Umweltschutz und soziale Gerechtigkeit die Themen, für die ich leidenschaftlich kämpfe. Als Aktivistin, Social Entrepreneurin, Greenfluencerin und Referentin genauso wie als Model,

Schauspielerin und Miss Germany 2022. Den scheinbaren Widerspruch zwischen diesen großen Themen und der nach außen gerichteten Welt des Entertainments, den gibt es für mich nicht. Gerade jene, die sich sonst nicht mit Missständen befassen, sollen meine Stimme hören.

Ich bin mit den Konsequenzen nicht-nachhaltigen Verhaltens und sozialer Ungerechtigkeit aufgewachsen. Darum möchte ich andere dazu motivieren, sich mit dem Thema in einer Weise zu befassen, die auch tatsächlich nachhaltig ist. Was für mich bedeutet, bei den Menschen anzusetzen und für eine gerechtere Gesellschaft einzustehen – um sie überhaupt erst in die Lage zu versetzen, eine bessere Welt aktiv mitzugestalten. Was ich damit meine: Dass jetzt um uns herum viele vegan leben – wunderbar! Aber in der Wirklichkeit, aus der ich komme, können sich die Leute diesen Luxus gar nicht leisten. Sie denken nicht darüber nach, was sie essen möchten, sie versuchen nur, irgendwie satt zu werden. Oft mit dem, was andere weggeworfen haben. Das große Ziel sollte daher sein, faire Produkte für alle Bevölkerungsschichten zugänglich zu machen. Solange es keine soziale Gerechtigkeit gibt, solange die Schere weiter auseinanderklafft, die Reichen immer reicher und die Armen immer ärmer werden, solange ein Großteil der Menschen nur damit beschäftigt ist zu überleben, werden wir das Klima nicht retten.

Wir Privilegierten, die gut informiert sind, müssen die anderen abholen, die nicht alle über die Ressourcen verfügen, um sich intensiv damit zu beschäftigen – oder schlicht keinen Zugang zu den Informationen haben. Keiner will, dass man ihm ein schlechtes Gewissen einredet. Insbesondere die junge Generation muss durch Spaß und durch das Schöne motiviert werden. Denn nur wenn wir gemeinsam anpacken und das Know-how von vielen Menschen zusammenbringen, wenn wir allen Sichtbarkeit geben, nicht nur denen aus Wissenschaft und Politik, können wir ein weltumfassendes Thema wie den Klimawandel gemeinsam bewältigen. Doch dafür müssen wir endlich anfangen, uns Menschen als Teil der Umwelt zu begreifen. Und genau das ist für mich der Punkt, an dem Veränderung beginnen muss.

Kapitel 1

Wer in einer Favela aufwächst, feiert das Leben umso mehr

Linha do Tiro, Recife, ein Sommer im Jahr 1997. Unsere Welt scheint an diesem Freitagnachmittag heil und friedlich. Die Hitze steht in den engen Gassen, Rhythmen verschiedener Musikstile schallen aus den geöffneten Fenstern, als wollten sie sich gegenseitig in der Lautstärke überbieten. Rock, Hip-Hop, Samba-Sounds mit Handtrommeln und Perkussions-instrumenten, die Polka-ähnlichen Rhythmen des Forró. Das Wochenende beginnt. Lebensfreude liegt in der Luft.

Und unser mobiler Beauty-Salon hat geöffnet. Er besteht aus einer Art Werkzeugkasten aus Plastik, mit kleinen Fächern, in denen ein paar Fläschchen mit bunten Farben herumkullern, Nagellackentferner, Watte, Feilen. Ich presse die Lippen fest aufeinander, um nicht danebenzumalen. Konzentriert streiche ich mit dem Pinsel türkisfarbenen Lack auf die Finger-nägel eines Mädchens aus der Nachbarschaft, lege den Kopf schräg und betrachte mein Werk immer wieder mit etwas Ab-stand. Meine beste Freundin und ich sitzen barfuß auf einem windschiefen Mauervorsprung, zwei Teenager aus dem Viertel uns gegenüber auf Plastikhockern, die irgendwann mal farbig waren. Ihre Hände liegen mit gespreizten Fingern auf den verwaschenen Handtüchern, die wir über unsere Knie gebreitet haben, so wie wir es uns von den Profis abgeschaut hatten.

Wir sind zwölf Jahre alt. Und stellen uns vor, wir hätten später mal einen echten Schönheitssalon. Dann könnten wir uns Zuckerwatte leisten. Eis. Vielleicht eines Tages sogar ein paar coole Sneaker.

Schon meine Mutter Roberta hat als kleines Mädchen die Fingernägel ihrer Lehrerinnen gemacht, um ihre Eltern dabei zu unterstützen, das Schulgeld zusammenzubekommen. Wir verdienen bisher nichts damit, machen uns nur gegenseitig die Nägel, um uns aufs Wochenende vorzubereiten.

In Brasilien hat Körperpflege einen enormen Stellenwert. Auch wenn wir nicht wissen, was wir abends essen sollen, sind die Fingernägel gemacht, die Körperhaare entfernt. Viele Bewohner der Favela richten sich in ihrem Wohnzimmer eine improvisierte Waxing-Station ein oder stellen einfach einen Stuhl auf die Straße und legen los. Ganz ohne Anmeldung oder Bürokratie, man kommt einfach vorbei. So fängt für viele von uns an, was man in Europa »Unternehmertum« nennt. Gerade weil wir in einem Armenviertel leben, lieben wir es, uns hübsch zu machen. Dort, wo der beißend-süßliche Gestank von verbranntem Plastik durch das Labyrinth aus dicht aneinandergebauten Hütten und Häusern zieht. Wenn der Müll angezündet wird, den keiner abholt, ist der Wunsch umso stärker, sich in seiner Haut wohlzufühlen. »Fang mit dem an, was du hast.« Mit diesem Grundsatz bin ich aufgewachsen. Wir haben nicht viel, aber die Möglichkeit, uns zu pflegen, die schon. Auch wenn wir kein fließendes Wasser haben und keine Sanitäranlagen, sind wir kreativ. Wir besitzen keine teuren Beauty-Produkte, darum kreieren wir sie uns selbst aus den Mitteln, die uns zur Verfügung stehen: eine

Haarkur aus Aloe vera und Öl, eine Paste aus Zucker fürs Waxing, ein Peeling aus dem Kaffeesatz vom Vortag. »Ich bin arm, aber das muss nicht bedeuten, dass ich dreckig bin«, so sagt man dort, wo meine Wurzeln sind. Sich für den Tag vorzubereiten ist sogar wie eine Zeremonie: Jeden Morgen die kalte Dusche aus dem großen blauen Wasserspeicher auf dem Dach unseres Hauses, wo der Regen gesammelt wird – um Wäsche damit zu waschen oder uns selbst.

Uns schön zu machen gibt uns Selbstbewusstsein. Auch um dem Rassismus, dem Mobbing, der Unfreundlichkeit etwas entgegenzusetzen, dem, was uns auf dem »Asphalt« entgegenschlägt, wie wir die wohlhabendere Gegend nennen, in die wir täglich zum Arbeiten gehen. Es fällt uns leichter, mit diesem Minimum an Selbstwertgefühl. Niemand muss uns unsere Herkunft ansehen, denn wir definieren uns nicht darüber, was wir *nicht* haben. Die Armut diktiert uns nicht, wer wir sind, wer wir sein sollen. Es ist wie eine kleine Rebellion mit dem Lippenstift. Wir wehren uns dagegen, uns durch äußere Umstände die Lebensfreude nehmen zu lassen.

Denn viele Leute denken: Wenn du aus einer Favela kommst, musst du allem entsagen, was Spaß macht. Musst du ohne all das leben, was man vielleicht als Luxus bezeichnen würde. Darfst du dir nie etwas Schönes gönnen. Doch wer täglich ums Überleben kämpft, wer in dem Gefühl ständiger Bedrohung lebt, der feiert das Leben umso mehr. Wer Gewalt erfährt, wer erlebt, wie Menschen jung sterben, der ist dankbar für jeden neuen Tag. Und für jede gute Party.

Ich habe es geliebt und tue es bis heute, wenn alle zusammenkommen: Die Musik wird dann übertrieben laut aufgedreht, ein ganzes Schwein gegrillt und mit allen geteilt. Jeder bringt mit, was er hat. Und wenn er nichts hat, dann ist er trotzdem willkommen. Es gibt Bohnen, Reis und Obstsalat. Und es wird viel getrunken, Bier und Cachaça, der Zuckerrohrschnaps, der als brasilianisches Nationalgetränk gilt und die Hauptzutat für Caipirinha ist. Kleine Kinder laufen zwischen den Älteren umher, die Tanzfläche ist immer voll. Babys sind dabei, alte Leute und alles dazwischen. Es gibt immer einen Anlass, ausgelassen zu sein. Und wenn es keinen gibt, dann erfinden wir einen. Feiern ist notwendig, um zu überleben.

Wer am Wochenende in eine Favela geht, wird viele wunderschöne Frauen sehen, die sich von anderen zurechtmachen lassen, um abends feiern zu gehen. Und weil an den freien Tagen besonders viel los ist, wittern meine Freundin und ich unsere Chance, um an unseren Fähigkeiten zu feilen: Samstags und sonntags sind die Profis, die normalerweise den Frauen die Fingernägel gegen Geld machen, oft ausgebucht. Also setzen wir uns freitagnachmittags, wenn die anderen noch arbeiten müssen und wir schon Schulschluss haben, auf die Straße und bieten den Mädels aus der Nachbarschaft unsere Dienste an. Wie auch an diesem Tag.

Schusslinie

Wie aus dem Nichts sind sie plötzlich da, nutzen das Überraschungsmoment. Weiter oben am Hang, dort auf der einzigen asphaltierten Straße sind mehrere Einsatzfahrzeuge der Polizei zum Stehen gekommen. Das, was sich gerade noch wie ein friedlicher Abend anfühlte, ist nun zu Ende.

Die Polizeiautos erinnern uns an das, was wir jeden Tag zu vergessen versuchen: dass wir in Wahrheit im Krieg leben. Ja, das tun wir wirklich. Die rivalisierenden Seiten sind die Marginalisierten und die Polizei. Dabei geht es um die Beherrschung von Territorien. Spezialeinheiten gehen in die Favelas, um ein Problem zu lösen, entweder einen Drogenhändler zu stellen oder einen »Boca de Fumo« zu stürmen – so werden Orte genannt, an denen illegale Drogen verkauft werden. Sie »bekämpfen die Dealer«, so heißt es. Meistens müssen sie dazu schießen. Und manchmal ist dann »zufällig« jemand im Weg. Und dieser Jemand stirbt. »Ein Kollateralschaden.« So das offizielle Narrativ. Es sieht wie ein Bürgerkrieg aus, weil Polizei wie Drogenhändler schwer bewaffnet sind. Wenn sie aufeinandertreffen, endet es oft mit Toten und Verletzten. Aber was ich mich schon als kleines Mädchen gefragt habe: Wie kann es sein, dass jemand, der in einer Favela lebt, in der es nicht mal fließendes Wasser oder eine Müllabfuhr gibt, sich Waffen leisten kann? Die Menschen, die das Geld haben, in den Drogenhandel zu investieren, die sind nicht sichtbar, deren Leichen liegen nicht am Straßenrand wie die so vieler junger Menschen aus der Favela.

In meinen Augen hat diese Geschichte noch immer mit der Kolonialzeit zu tun. Es ist eine Geschichte der Korruption durch den Staat. Und es ist ein Machtspiel, das in unserer Gesellschaft stattfindet. Wer die Macht hat, der hat auch das Recht, es so zu machen, wie er will. Der darf Menschen auf der Straße hinrichten. Ohne einen Prozess fürchten zu müssen, einfach so. Und die anderen sollen gefälligst selbst aufpassen, dass sie nicht versehentlich im Weg stehen. Ein sehr eigenwilliges Verständnis von einem Rechtsstaat. Jeder, der in einem Armenviertel in und um Brasiliens Metropolen lebt, weiß, wie es funktioniert, und lernt schon als kleines Kind eine wichtige Lektion: »Wenn die Polizei da ist, dann rennst du oder gehst in Deckung.«

Über diese Realität der Gewalt, in der ich aufgewachsen bin, wird nicht viel berichtet in der Welt. Doch der Regisseur José Padilha erzählt in seinem 2007 erschienenen Film *Tropa de Elite* davon. Polizeihauptmann Capitão Nascimento kämpft sich darin mit der Spezialeinheit für Bandenbekämpfung, Batalhão de Operações Policiais Especiais (BOPE), durch die Elendsviertel Rios, die von der Polizei aufgegeben worden sind und nur noch zum Einsammeln von Bestechungsgeldern betreten werden. Diese Militärpolizisten – nach realem Vorbild – tragen einen Totenkopf vor gekreuzten Pistolen auf ihren schwarzen Uniformen. Wenn sie in die Favelas fahren, dann in einem Panzerfahrzeug mit Schießscharten, aus denen sie das Feuer eröffnen. Der Film stellt dar, wie jeder dieser Polizisten mit seinem Antritt eine Entscheidung treffen muss: für Korruption oder Krieg. Die echte BOPE versuchte damals, den Kinostart zu verhindern, denn so wollte wohl niemand offiziell dargestellt werden. Dennoch haben über fünfzehn Millionen Brasilianer den Film gesehen. Die eine Seite feierte die Hauptfigur als unkorrumpierbaren Helden, die andere sah in ihm einen faschistischen Folterknecht. Und auch wenn er das Publikum spaltet, so macht der Film jedenfalls sichtbar, wie ein Land Krieg gegen sich selbst führt.

Auch an dem Ort, an dem ich groß geworden bin, sind Angst und Gewalt alltäglich. Linha do Tiro, »Schusslinie«, heißt unsere Favela, in der schätzungsweise 25.000 Menschen leben. Sie liegt in Recife, der Hauptstadt des Bundesstaates Pernambuco im Nordosten Brasiliens. Eine Hafenstadt am Atlantischen Ozean mit über 1,6 Millionen Einwohnern. Der Name, eine Anspielung auf die Felsenriffe, die die Strände der Stadt schützen. Im südlichen Stadtteil Boa Viagem reihen sich moderne Hochhäuser an der Atlantikküste aneinander, deren verspiegelte Fassaden die Sonne reflektieren. »Copacabana des Nordostens« oder »Miami von Brasilien« nennen manche diesen Ort mit seinen teuren Hotels, schicken Restaurants, Bars und Klubs. Der Kaufpreis pro Quadratmeter ist einer der höchsten in ganz Brasilien. Viele hier wissen nichts von der Realität, in der die Menschen in ihrer Nachbarschaft leben – oder besser: Sie wollen nichts darüber wissen.

In Linha do Tiro dagegen gibt es keine Polizeistation, kein Krankenhaus, keinen Kindergarten. Viele Menschen haben keine Adresse, keine Geburtsurkunde und keinen Ausweis. Für den Staat existieren sie nicht – wenn sie sterben, kann niemand belegen, dass sie überhaupt gelebt haben. Es gibt kaum Bildungschancen, die Arbeitslosigkeit ist hoch, die Armut groß. Es sind überwiegend gewöhnliche Leute, die hier leben, die als Busfahrer arbeiten oder bei reichen Leuten putzen. Doch die Perspektivlosigkeit zwingt auch leider viele in die Illegalität. Drogenhandel ist ein großes Thema. Viele Teenager und junge Erwachsene sind darin verwickelt, schon kleine Kinder werden als Kuriere rekrutiert, besonders jene, die auf der Straße leben. Drogenverkäufe in aller Öffentlichkeit gehören zum Alltag. Die Favelas sind das Zentrum eines blühenden Drogenverkehrs, aber weder Quelle noch Mündung. Er wird dort finanziert, wo die Reichen leben – und fließt auch zum großen Teil in die wohlhabenden Stadtviertel zurück.

In kaum einem anderen Land klafft die Schere zwischen Arm und Reich so weit auseinander wie in Brasilien. Es ist kein armes Land, aber ein extrem ungerechtes. In meiner Heimat im Nordosten ist die ungleiche Verteilung besonders extrem: In Recife beanspruchen 20 Prozent der Reichsten 85 Prozent des Volkseinkommens, während 40 Prozent der Bevölkerung mit einem Einkommen unterhalb des gesetzlichen Mindestlohns zurechtkommen müssen. Die aktuelle Statistik zeigt, dass ein Prozent der Menschen mehr als ein Viertel aller nationalen Einkünfte erwirtschaftet und über knapp 49 Prozent des brasilianischen Vermögens verfügt.[1] Im Jahr 2021 lebten nach den von der Weltbank vorgeschlagenen Armutsgrenzen 62,5 Millionen Menschen in Brasilien, also fast ein Drittel der Bevölkerung, in Armut, darunter knapp 18 Millionen in extremer Armut.[2] Noch immer verdienen People of Color halb so viel wie Menschen heller Hautfarbe.[3]

Es gibt schätzungsweise 700 bis 900 Favelas in Brasilien, in denen 17,9 Millionen Menschen leben.[4] Die ersten dieser Armenviertel entstanden vor über hundert Jahren. Sie waren Wohnort der früheren Sklaven, die kein Eigentum besaßen und keine Aussicht auf Arbeit hatten. Es gibt verschiedene Erklärungen, warum sich viele von ihnen auf Hügeln angesiedelt haben, aber von meinen Vorfahren habe ich mitbekommen, dass die Menschen nicht wirklich an ihre Befreiung geglaubt haben. Aus Angst, dass sie wieder zu Leibeigenen gemacht werden, wählten sie einen Platz, von dem aus sie gut in die Ferne sehen konnten – um im Zweifel rechtzeitig vor den Kolonialherren und ihren Gefolgsleuten fliehen zu können. Aus allem, was sie fanden, bauten sie provisorische Unterkünfte. Solche Elendsgürtel umzingeln überall in Lateinamerika die Großstädte. Sie dehnten sich besonders während der Achtzigerjahre durch gigantische Zuwanderungswellen der Landbevölkerung aus.

In der Vergangenheit gab es viele Versuche, diese selbst gebauten Vorstädte, in denen die Armen wohnen, wo sich aber mancherorts auch allmählich eine Mittelschicht etabliert, zu zerstören. Doch ohne Erfolg – die ohne staatliche Erlaubnis errichteten Viertel haben sich im letzten Jahrhundert unaufhaltsam vervielfacht. Lange wollte man ihre Existenz lieber verleugnen, weshalb sie gar nicht erst auf den Stadtplänen eingezeichnet wurden. Besonders im Zuge der Fußball-WM 2014 sollte unbedingt der Eindruck eines sicheren Landes vermittelt werden. Armee und Militärpolizei marschierten in die Elendssiedlungen Rios ein, um diese zu »befrieden« – mit Panzern und Helikoptern. Der Großteil der versprochenen Sozialprogramme kam hingegen nie dort an.

Favelas befinden sich häufig dort, wo sonst keiner leben will, an schwer zugänglichen Plätzen, direkt an der Autobahn oder dort, wo es keinen sicheren Baugrund gibt. Auch in Linha do Tiro sind viele der improvisierten Häuser und Hütten an steilen Hängen gebaut. Doch in der Regenzeit, wenn es zu enormen Niederschlägen kommt und das Wasser in Sturzbächen zwischen den Häusern hindurchfließt, beginnt der sandige Untergrund zu rutschen. Jedes Jahr sterben Familien, wenn ihr Haus in den Abgrund gerissen wird und sie unter den Trümmern begraben werden. Wer von dem höchsten Punkt auf unser Viertel blickt, sieht Häuser, die nur noch ein paar Handbreit vom Abhang trennen. Mit gigantischen grauen Plastikplanen versuchen die Bewohner verzweifelt, die Erde zu bedecken, um die Feuchtigkeit fernzuhalten. An einem anderen Platz ein neues Haus zu bauen – wer könnte sich das hier leisten?

Oft sind diese Behausungen über Jahre und Jahrzehnte entstanden. Die Eltern bauen das Erdgeschoss aus all dem, was sie finden können: Brettern, Betonsteinen, Wellblech, Ziegeln. Nach und nach wird es verstärkt. Irgendwann baut die nächste Generation ein Stockwerk obendrauf. Manche der

Bewohner sind beruflich in den reichen Vierteln auf Baustellen tätig, sie kennen sich daher aus und setzen ihr Wissen hier um, mit allem, was ihnen zur Verfügung steht. Doch der Gewalt der Natur halten die einfachen Hütten und Häuser nicht immer stand. Vor allem an den Stellen, an denen die Ärmsten der Armen leben. Auch in den Favelas ist das soziale Gefälle sichtbar: je abgelegener, desto dunkler die Gassen, desto feuchter die Wände, desto grauer die Fassaden. Dort, wo die etwas besser Gestellten leben, zeigen sie ein helleres Gesicht. Die Wände sind bunter, in ausrangierten Autoreifen wachsen Farne und Blumen, in kleinen Gärten werden Obst und Kräuter angebaut.

Doch Möglichkeiten zur Freizeitgestaltung gibt es auch hier nirgendwo, es geht einzig darum, die Grundbedürfnisse zu befriedigen. Steile Treppen verbinden das Gewirr von kleinen Gassen, in dem sich nur zurechtfindet, wer hier groß geworden ist. Touristen kommen niemals her, es wäre zu gefährlich. Hier herumzulaufen wäre nur möglich, wenn man in Begleitung einer Person kommt, die Schutz gewährleistet. Leitungen und Abwasserrohre führen außen an den Hauswänden entlang, ein wirres Geflecht aus Kabeln für den Strom, der illegal angezapft wird, zieht sich über die Gassen. Bunte Wäsche flattert vor unverputzten Fassaden. In den Straßen liegen Schrott und Müll. Das Abwasser fließt in schmalen, stinkenden Rinnsalen an den Wegen entlang.

Zwischen fünf und fünfzehn Familienmitglieder wohnen in »Schusslinie« gemeinsam in einer Wohnung. Oft übernachten alle Bewohner in dem einzigen Zimmer, in dem es einen Ventilator gibt. Auch mein drei Jahre jüngerer Bruder Carlos und ich haben mit unseren Eltern in einem Zimmer geschlafen. Überall gibt es wenig Platz, aber viele Menschen.

Gestört hat mich das nie, es war nichts, über das ich mir je Gedanken gemacht hätte. Es war die Normalität, das, was man kennt. Alle meine Freunde haben so gelebt, manche sogar noch viel beengter als wir.

Die Enge machte mir aber nichts aus. Im Gegenteil. Ich mochte die Nähe, die dadurch entstand, das Zusammensein, die Liebe, das Kuscheln. Weil wir uns den begrenzten Platz teilen mussten, waren die zwischenmenschlichen Beziehungen sehr intensiv, und ich genoss das.

Als ich mit Mitte zwanzig mit einem Mann zusammen war, der in Berlin geboren und aufgewachsen war, stritten wir immer wieder über dieselben Themen. Irgendwann sagte er mir zum Beispiel, dass er mich für verwöhnt hielt. Eigentlich unvorstellbar, dass jemand, der aus einer Favela stammt, als verwöhnt wahrgenommen werden kann, aber in mancherlei Hinsicht bin ich es wirklich. Ich wuchs als Teil einer großen Familie heran, ich kannte es nicht anders, als dass immer jemand für mich da war. Hatten Mama und Papa keine Zeit, dann kümmerten sich meine Großeltern um mich, meine Tanten oder die Freundinnen und Freunde meiner Eltern. Wenn ich nach Hause kam, hatte schon jemand gekocht: Ich setzte mich nur noch hin, und wir aßen. Ich musste mich nie selbst darum kümmern. Oder wenn es ein Problem gab, ganz egal, ob emotionaler oder praktischer Art, waren genügend Menschen da, um mich zu unterstützen. Mein damaliger Partner musste sich schon viel früher selbst organisieren, allein zur Schule gehen, selbst das Essen zubereiten, daran denken, die Hausaufgaben zu machen. Eine andere Art von Selbstständigkeit.

Was mein Leben aber extrem eingeschränkt hat, war das Gefühl, ständig in Gefahr zu leben. Ich träumte nicht von einer großen Wohnung mit Badewanne, sondern davon, mich sicher zu fühlen. Seit ich denken kann, war mir bewusst, wie gefährlich das Leben in der Favela ist. Man hörte Geschichten von Nachbarinnen, die vergewaltigt, von Vätern guter Freunde oder Freundinnen, die ermordet wurden. Von Drogentoten. Oder von *tiroteios*, von Schießereien – schon kleine Kinder konnten die unterschiedlichen Waffentypen benennen.

In der Dunkelheit durfte ich niemals allein unterwegs sein. Wenn ich zu einer Party ging, dann nur in Begleitung meines Bruders oder meiner Cousins. Als Frau musste ich auch darauf achten, dass ich nicht zu wenig anhatte, sonst hieß es, man macht die Männer an und würde ihnen das Recht dazu geben, dich in eine unangenehme Situation zu bringen.

Die Gefahr war permanent spürbar. Zweimal am Tag lief im TV eine regionale Nachrichtensendung, genau zu der Zeit, wenn ich aus der Schule kam. Dann wurde darüber berichtet, wer ermordet, wer vergewaltigt worden war, mehrmals am Tag. Weil es Teil des Alltags ist, schalten die Erwachsenen den Fernseher nicht aus oder wechseln das Programm, wenn Kinder anwesend sind. Die Gewalt ist so omnipräsent, dass niemand überhaupt nur versucht, die Augen davor zu verschließen.

Ein alter Käfer und Käse aus Frankreich

Inmitten dieser Welt voller Gewalt fühlte ich mich dennoch privilegiert, denn ich gehörte zu den Kindern, die eine Schule besuchen durften. Es hatte weniger damit zu tun, dass wir mehr Geld gehabt hätten als unsere Nachbarn, sondern schlicht damit, dass meine Eltern nicht viele Kinder hatten. Meine Oma väterlicherseits hat zehn Kinder zur Welt gebracht, meine Mutter nur zwei – und zweien die Schule zu ermöglichen ist natürlich leichter, als das Schulgeld für zehn zusammenzukratzen.

Bildung war für meine Eltern das Fundament für alles. Schon als Kinder waren sie selbst sehr hinterher zu lernen. Sie haben alles Wissen aufgesogen, zu dem sie Zugang hatten. Mein Vater übersprang sogar eine Klasse, weil er so gut in Mathe war. Bildung steht auch für mich für die Freiheit, sich sein Leben selbst gestalten zu können, dafür, sich eine eigene Lebensperspektive zu schaffen. Für Selbstbestimmung. Und auch für die Chance, sich als Mensch weiterzuentwickeln, gesellschaftlich etwas gestalten zu können.

Meine beiden Eltern kommen aus sehr armen Verhältnissen und sind ebenfalls in der Favela groß geworden. Der Vater meines Vaters hat als Pfleger gearbeitet, im Schichtdienst, kam nur zum Schlafen, Duschen und Essen nach Hause; meine Oma war Hausfrau und hat sich um die zehn Kinder gekümmert. Meine Oma mütterlicherseits war Hausmädchen, ihr Mann hat für ein bisschen Kleingeld auf Autos aufgepasst, während die Besitzer irgendwelche Erledigungen machten. So verdienten sie gemeinsam den Unterhalt für ihre sechs Kinder. Später ergatterte mein Opa an der Universität in Recife einen Job als Garderobier der Bibliothek. So begann er, sich selbst Lesen und Schreiben beizubringen, denn es gab oft Zeiten, in denen er nichts zu tun hatte. Dort hat er dann interessante Menschen kennengelernt, eine ganz neue Welt öffnete sich für ihn. Deshalb hat er seine Tochter Roberta inspiriert und motiviert, später selbst zu studieren. Meine Mutter war dann die Erste in ihrer Familie, die ein Studium absolviert hat, wie mein Vater Ademilson. Mama hat Pädagogik studiert, Papa Mathematik.

Da unsere Eltern uns ermöglichen wollten, auf eine Schule außerhalb von Linha do Tiro zu gehen, fuhr mein Vater meinen jüngeren Bruder Carlos und mich jeden Morgen mit unserem alten VW Käfer in ein benachbartes Viertel. Dass wir ein Auto hatten, war etwas Besonderes, aber auch nicht vollkommen ungewöhnlich. In unserer Straße gab es insgesamt vielleicht fünf. Unseres war vor langer Zeit mal zitronengelb gewesen, hatte aber inzwischen eine undefinierbare Farbe angenommen. Es war laut und eng und rumpelte mit uns über schlammige Straßen und tiefe Schlaglöcher durch den chaotischen Verkehr. Der Weg zur Grundschule dauerte etwa eine halbe Stunde, der zur Oberschule später fast eine ganze. Aber trotzdem war die Zeit für uns viel zu kurz. So kostbar waren die Minuten nur mit unserem Vater, der sonst den ganzen Tag beschäftigt war. Wir genossen jede einzelne. Unser Vater war unser großer Held. Ein bisschen wie Papa Schlumpf, zu dem alle kommen, die Hilfe brauchen, und der alles regelt. Dass er sich jeden Tag Zeit für mich nahm, während er doch eigentlich die ganze Welt retten musste, hat mir sehr viel Selbstbewusstsein gegeben. Weil in diesen Momenten nichts und niemand wichtiger war als ich.

Da es in Brasilien sehr heiß werden kann, beginnt die Schule bereits um sieben Uhr und endet um elf Uhr vor der großen Mittagshitze. Wenn wir morgens mit dem Auto losholperten, tauchte die aufgehende Sonne den Himmel in ein orangefarbenes warmes Licht und ließ ihn in den schönsten Tönen leuchten. Eine magische Stimmung herrschte jeden Morgen bei diesem Schauspiel, das nur für uns aufgeführt zu werden schien und an dem wir uns nie sattsehen konnten.

Ich fühlte mich beschützt und geborgen durch meinen Papa, der mich fuhr. Jeden Tag, von der ersten bis zur elften

Klasse. Er brachte uns hin und holte uns wieder ab. Diese Zeit in dem schrottreifen, alten Käfer war ungeheuer wichtig für mich und meinen Bruder und für die Beziehung zu unserem Papa. Die Liebe und der Zusammenhalt zwischen Vater und Kindern sind auf diesem Weg gewachsen, mit jedem Tag ein Stück mehr. Eine Stunde, die nur uns gehörte. Er wusste, wir waren so vielen Einflüssen ausgesetzt, dem, was täglich um uns herum passierte, was wir im Fernsehen sahen, von Freunden und Lehrern erfuhren. Aber in dieser Zeit konnte er Einfluss nehmen, uns seine Sichtweisen schildern – und unsere nachvollziehen. Es ging nur um uns. Der Schulweg war Papa-Zeit. Es gab nur wenige Kinder, die von ihren Vätern gebracht wurden, es war uns bewusst, dass es keine Selbstverständlichkeit war, sondern ein Geschenk an uns, seine Kinder.

Bis zur Schule waren es eigentlich gar nicht viele Kilometer. Dass wir so lange brauchten, lag weniger an der Entfernung als an dem Stau, den wir täglich fest einplanen mussten. Uns Kinder störte er aber gar nicht, denn so zog sich diese wunderbare gemeinsame Familienzeit noch ein wenig länger hin.

In Brasilien werden die sozialen Unterschiede durch die verschiedenen Stadtviertel deutlich sichtbar. Damals fühlte es sich jedes Mal so an, als führte uns der Weg durch ein Portal in eine andere Welt. Die Grundschule befand sich noch in einem ärmeren Viertel, die Oberschule war jedoch in Casa Amarela, einem privilegierten Bezirk, in dem viele wohlhabende Menschen leben. Es war eine ganz andere Realität, die ich von den heruntergekurbelten Fenstern an uns vorbeiziehen sah. Alles wirkte strukturierter und aufgeräumter, die Menschen waren anders angezogen, mir kam es sogar so vor, als bewegten sie sich anders. Vor allem aber fiel mir auf, wie viel ruhiger es dort war. Die Eltern meiner Mitschüler arbeiteten als Sekretärin, Lehrer, Krankenschwester, Buchhalter. Natürlich waren auch vermögendere Leute darunter. Damit die sozialen Unterschiede jedoch nicht in den Vordergrund rückten, trugen wir alle die gleichen Klamotten, eine Uniform, bestehend aus einem T-Shirt mit Schullogo und einer langen Jeans – das leider wohl unpassendste Outfit, das man sich bei 40 Grad überhaupt nur vorstellen kann.

In diesem Paralleluniversum kam ich mit Dingen in Berührung, die ich aus der Favela nicht kannte. Fast symbolisch für alles, was es dort nicht gab, steht für mich ein französischer Weichkäse, mit dem die Sandwiches meiner Mitschüler manchmal belegt waren. Erst konnte ich kaum begreifen, wie etwas von weißem Schimmel Überzogenes eine Delikatesse sein sollte, aber als ich mich überwand und probierte, verstand ich es sofort. Von den anderen lernte ich, dass dieser Käse »Brie« heißt. Er war köstlich. Ein Geschmack, der wunderbar ungewohnt war und den ich auf Anhieb liebte. Niemand in Linha do Tiro konnte sich so etwas leisten. Meine Eltern hatten diesen Käse selbst nie zuvor gekostet, aber gerade weil sie selbst nicht so sozialisiert waren, wollten sie, dass mein Bruder und ich mit diesen Dingen in Berührung kamen. Nicht nur, damit wir verstanden, was es für ein Leben da draußen gibt, sondern vor allem, um die Motivation zu schaffen, mehr zu lernen und härter zu arbeiten. Wir sollten dadurch nicht anfangen, von einer Villa oder einem Range Rover zu träumen. Nein, es ging ihnen darum, eine Wahl zu haben. Und zu erkennen, dass jeder das Potenzial in sich trägt, die Dinge zu erreichen, die er erreichen möchte, ganz unabhängig von seiner Herkunft. So habe ich verinnerlicht: Ich will lernen, arbeiten, und wenn ich groß bin, will ich genug Geld haben, um Brie zu essen. Er stand für mich für das Leben, das ich führen wollte – ein selbstbestimmtes Leben in Sicherheit.

Die verlorene Kugel

Meine Freundin und ich sind noch immer mit der Maniküre beschäftigt, als Männer in Tarnkleidung und schweren Stiefeln von den Ladeflächen der Polizeiautos springen. Sie tragen Sturmgewehre. Es ist ihr Job, Menschen zu töten. Man kann sich nur schwer vorstellen, wie sie nach getaner Arbeit nach Hause kommen und ihre Kinder umarmen. Aber wahrscheinlich tun sie das. Wir nennen sie *soldados.*

»Wir sind jetzt da! Wer Kinder hat, bringt sie in Sicherheit!«, höre ich sie brüllen.

In unserem Viertel wurde damals ein »Beschuss« vorher angekündigt, das war nicht überall der Fall. Trotzdem bin ich in dem Glauben aufgewachsen, dass die Polizei nicht dazu da ist, um *uns* zu schützen. Im Gegenteil: Wenn sie kommt, dann müssen wir schnell sein. Schon mit acht oder neun habe ich mich instinktiv auf den Boden geworfen, wenn ich Schüsse hörte, bin über die Erde gerobbt, damit die Kugeln, die über mich hinwegflogen, mich nicht treffen konnten.

Alle Menschen um uns herum teilen diese Erfahrungen und rennen panisch auseinander. Die beiden jungen Mädchen, denen wir gerade die Nägel machen, springen auf, stoßen dabei die Plastikhocker um, die Nagellackfläschchen fallen in den Staub. Meine Freundin und ich rennen in verschiedene Richtungen. Es ist keine neue Situation für uns. Die Einschusslöcher in den Wänden der Häuser unseres Viertels erzählen davon wie in jeder anderen Favela Brasiliens. Die

Angst, sie ist ein bekanntes Gefühl. Doch sie wird dadurch nicht kleiner. Niemand gewöhnt sich daran, um sein Leben zu fürchten.

Ich bleibe liegen, mache mich klein, schließe die Augen und schütze den Kopf mit den Händen. Lautlos fange ich zu beten an, flehe um Gottes Schutz und Segen. Nur eine höhere Macht kann mich vor dieser Gefahr schützen. Davor, hier zu sterben. Ich schaue nicht auf, aber ich höre, dass die Geschosse ganz in der Nähe einschlagen. Als die Schüsse verhallt sind, komme ich mit wackeligen Beinen hoch. Meine Freundin liegt ein Stückweit von mir entfernt noch immer auf dem Boden. Sie steht nicht auf. Blut sickert in die Erde. Eine Kugel hat sie tödlich getroffen. Mit zwölf Jahren. Direkt vor meinen Augen. Sekunden zuvor haben wir noch Seite an Seite auf der Mauer gesessen, gelacht und geträumt von einer schönen Zukunft in Sicherheit und Freiheit. Dort, wo wir eben noch saßen, gelacht und Nägel bepinselt haben, bildet der umgekippte Lack nun kleine begrenzte knallbunte Seen im Dreck.

Ich kann nicht sagen, ob ich das, was ich über diesen Moment weiß, selbst erinnere oder ob andere es mir erzählt haben. Es ging so schnell, dass mir die konkreten Bilder dazu fehlen. Sie lassen sich nicht trennen von dem, was ich in den Jahren zuvor schon erlebt, gehört und beobachtet habe. Als kleines Mädchen sah ich bereits tote Körper auf der Straße liegen. Weil sich niemand um die Verstorbenen kümmert, müssen die Angehörigen selbst das Leichentuch beschaffen, um sie zu bedecken. So lange liegen sie für jeden sichtbar in den Straßen. Es ist eine alltägliche Tragödie. Dieses Mal betrifft sie mich unmittelbar. Dieses Mal ist meine Freundin das Opfer.

Wenn die Polizei kommt, um mutmaßliche Gangster zu stellen, dann schwirren die Kugeln aus ihren Infanteriewaffen mit enormer Geschwindigkeit durch Gassen, über Straßen und Plätze hinweg, dort, wo Menschen auf dem Markt einkaufen oder Kinder auf der Straße Fußball spielen. Sie durchschlagen Autokarosserien und Häuserwände. *Balas perdidas* werden diese Querschläger auf Portugiesisch genannt, die Menschen töten, die im Weg sind. *Verlorene Kugeln.* Das klingt fast poetisch. Und so, als würden diejenigen, die sie abfeuern, keine Schuld tragen. Es wird sogar als offizielle Todesursache in die Sterbeurkunde eingetragen – sofern es eine gibt.

Sie war die Erste aus meinem Freundeskreis, die durch eine dieser Kugeln ihr Leben verloren hat, aber nicht die Letzte. Es ist noch nicht lange her, dass der Freund meines kleinen Neffen von der Polícia an der Bushaltestelle angeschossen wurde. Er war gerade mal zehn Jahre alt. Eine Tragödie, die in Brasilien häufig passiert, ohne dass die große Öffentlichkeit Kenntnis davon nimmt, ohne dass es einen weltweiten Aufschrei gibt. In den letzten sieben Jahren wurden allein im Großraum Rio 601 junge Menschen Opfer von Schießereien. Davon wurden 267 getötet und 334 verletzt, 78 Prozent davon waren Teenager. Die Daten stammen von der Plattform Futuro Exterminado, die vom Institut Fogo Cruzado ins Leben gerufen wurde, um auf bewaffnete Gewalt im städtischen Raum aufmerksam zu machen, von der viele Kinder und Jugendliche betroffen sind. Die Geschäftsführerin des Instituts, Cecília Olliveira, sagt, dass jedes dritte dieser Kinder und Jugendlichen Opfer einer verirrten Kugel geworden sei. Davon werden 48 Prozent bei Polizeieinsätzen getroffen: »Es ist unglaublich, dass es diese Zahlen gibt und wir keine Sicherheitspolitik haben, die darauf reagiert. Es scheint niemanden zu interessieren.«[5]

Vor einiger Zeit hat ein Freund aus einer Favela in Rio angefangen, innerhalb der Armenviertel Informationen über die Todesopfer durch Polizeigewalt zu sammeln. Da viele nicht in den Statistiken landen, wollte er dafür sorgen, dass sie nicht in Vergessenheit geraten. »A Voz da Favela«, Stimme der Favela, ist eine Nachrichten-Plattform, die heute landesweit agiert. Die Zahlen, die hier veröffentlicht werden, sind schockierend. Zwischen 2013 und 2019 sind etwa im an Rio angrenzenden Baixada Fluminense Tötungen bei mutmaßlichen Auseinandersetzungen mit der Polizei um 336 Prozent gestiegen, von 416 auf 1.814. Meist sind junge People of Color, die arm sind und am Stadtrand leben, die Opfer.[6] Auch die Schicksale ihrer Familien und die Lebensgeschichten der Toten werden auf der Plattform geteilt, um ihnen ein Gesicht zu geben.

»Sie war zur falschen Zeit am falschen Ort.« Das habe ich oft gehört, aber nie verstanden. Es war nie eine Erklärung für mich. Meine Freundin war nicht am falschen Ort, sie war dort, wo sie hingehörte: in dem Viertel, in dem sie gewohnt hat, ihr Zuhause, am helllichten Tag draußen auf der Straße, mit ihren Freundinnen. Es sollte ein sicherer und geborgener Ort sein. Es war nicht ihre Schuld.

Ich schaffte es nicht, mich auf dem Friedhof von ihr zu verabschieden, ich konnte mich nicht überwinden, zu ihrer Beerdigung zu gehen. In Brasilien ist es üblich, den Leichnam vor der Beisetzung zu sehen. Das war unmöglich für mich. Eine andere Freundin war zuvor bei einem Busunfall gestorben. Das Bild ihres grausam entstellten Körpers hat sich mir eingebrannt und mich nie losgelassen. Seitdem sehe ich Monster, wenn ich mir die Körper Verstorbener anschauen muss. »Wenn jemand, der dir wichtig ist, stirbt, ist es respektlos, sich nicht von ihm zu verabschieden«, sagten mir alle. Ich empfand es nicht so, wollte keine negativen Gefühle mit ihr verbinden, sie anders in Erinnerung behalten – und mich selbst schützen vor diesen Bildern, die man nicht vergessen kann.

»Deine Freundin ist erschossen worden, vor deinen Augen. Wie kannst du so locker darüber reden?« Das werde ich heute manchmal gefragt. Als wäre es eine Frage des Respekts, sein Leben lang traumatisiert zu sein. Als gehörte es sich so. Doch es war die Grausamkeit, die ich bereits kannte. Und deshalb trauerte ich so. Der Tod gehörte für mich zum Alltag.

Ich vermisste sie unendlich, in meinem Herzen klaffte ein Loch – doch ich machte weiter. Seit ich denken kann, habe ich gelernt, dass das Leben nicht selbstverständlich ist. Wenn du schon früh in deiner Kindheit Menschen auf diese Art und Weise verlierst, dann ist die Wahrnehmung eine andere. Für jemanden, der nicht aus dieser Welt der Gewalt stammt, mag es schwer nachvollziehbar klingen, aber ich hatte als Zwölfjährige schon so viel Erfahrung im Umgang mit dem Sterben. So wie andere Kenntnisse im Job erwerben oder Verletzungen beim Sport erleiden, so wusste ich, wie es sich anfühlt, Menschen zu verlieren.

Während ich viel um meine Freundin geweint habe, waren meine Eltern mein wichtigster Halt im Leben. Sie sind meine größten Lehrer, Lehrer des Mitgefühls, der Liebe und der Furchtlosigkeit. Ich erinnere mich vielleicht nicht an alle Einzelheiten meiner Kindheit, aber was ich in jeder Zelle abgespeichert habe, ist das Gefühl, bei ihnen sicher zu sein, geliebt und bestärkt zu werden, ein ebenbürtiges Familienmitglied zu sein. Ich habe durch sie die Bedeutung von Liebe, Empathie, Solidarität und Wertschätzung gelernt. Manche Leute scheinen nicht zu checken, dass es ihre Denkweisen, Glaubenssätze und ihr Weltbild sind, die ihre Kinder großziehen, nicht ihr Status und ihr gutes Aussehen. Und das, was meine Eltern mir mitgegeben haben, half mir an vielen Punkten meines Weges, mit den Herausforderungen im Leben umzugehen. Sie haben viel dazu beigetragen, dass ich nicht zerbrochen bin an dem, was an diesem Freitagnachmittag passiert ist – der so fröhlich begann und so tragisch endete.

Ihnen war bewusst, dass der Tod dieses Mal so nah an mich herangekommen war wie nie zuvor. Und sie ließen nicht zu, dass ich mich auflöste in meiner Trauer. Du darfst traurig sein, gaben sie mir zu verstehen, aber nach ein paar Tagen musst du dich wieder zusammenreißen und weitergehen. Das mag hart klingen, aber es rettete mich. Es war nicht so, als wären sie über meine Gefühle hinweggegangen. Im Gegenteil: Sie übernahmen Verantwortung, indem sie mich sofort zur Therapie schickten, noch bevor ich Symptome eines unbearbeiteten Traumas entwickeln konnte. Meine Eltern waren für diese Themen extrem offen. Zweimal in der Woche ging ich also nachmittags zu einer Psychologin, die mir half, das, was ich erlebt hatte, als Teil meines Lebens zu akzeptieren, ohne es davon bestimmen zu lassen.

Was meine Eltern mir vorgelebt haben, basierte immer auf der Idee, aktiv etwas zu verändern, anstatt sich dem Schmerz hinzugeben. Und genauso war es in dieser Situation: »Domitila, du hast jetzt zwei Möglichkeiten«, sagten sie. »Wir können dich trösten, bis du zwanzig bist, leider wird das die Welt nicht ändern. Oder du kannst jetzt etwas tun, damit es anderen Kindern nicht wie dir ergeht. Was willst du?« Auch wenn ich mich in meiner Trauer lieber für die erste Option entschieden hätte und auch noch nicht erkennen konnte, was ich konkret tun sollte, so half mir ihr Blick auf die Dinge, das Erlebte anders zu betrachten. Was geschehen ist, ist nicht allein mein Problem, es ist ein Weltproblem. Ich habe gar nicht die Möglichkeit, endlos zu trauern, ich muss proaktiv etwas machen. Weil sie die Tragweite des Ganzen verstanden, haben sie mich auf die Möglichkeit hingewiesen, realistisch damit umzugehen.

Dafür werde ich ihnen immer dankbar sein.

Acceptance

Auch wenn mir erst viel später klar werden sollte, wie richtungsweisend das, was ich in diesen Tagen lernte, für mein weiteres Leben sein sollte, so begleitete mich fortan das Gefühl, das ich empfunden hatte, als ich nach dem Schusswechsel mit klopfendem Herzen wieder aufstand: Ich atmete weiter, sie nicht. Wie leicht hätte es auch mich treffen können, aber ich war noch hier. Diese Haltung war sofort da, trotz Schock und Trauer. Zu wissen, dass ich so privilegiert bin, überhaupt am Leben sein zu dürfen, während viele meiner Leute gestorben sind, habe ich in dem Moment noch mal auf eine ganz andere Weise verinnerlicht.

Dass ich diese Erkenntnis bereits im Alter von zwölf Jahren hatte, hat viel mit meinen beiden Omas zu tun. Ich habe sie sehr geliebt, beide waren extrem gesegnet. Da es in der Favela keine Kitas gibt, ist es normal, dass die Großeltern sich tagsüber um die Enkelkinder kümmern. Seit ich auf der Welt war, haben meine Eltern immer beide gearbeitet, deshalb verbrachte ich viel Zeit bei meinen Großmüttern. Auch wenn ich es als Kind natürlich noch nicht konkret als Spiritualität benennen konnte, so entwickelte ich durch diese beiden Frauen schon als kleines Mädchen ein Gespür für eine andere Wirklichkeit. Ihr starker Glaube hat mich von Kindesbeinen an geprägt. Der Großteil der Brasilianer ist katholisch, auch ich wurde katholisch getauft. Aber die Mutter meines Vaters war evangelisch und streng gläubig, sie ging jeden Tag in die Kirche. Obwohl sie Analphabetin war, konnte sie die Bibel in- und auswendig. Durch die stetige Wiederholung hatte sie jedes einzelne Wort in ihrem Kopf gespeichert. Es war das einzige Buch, das sie besaß. Die Mutter meiner Mama hing der uralten afrikanischen Naturreligion Candomblé an und glaubte wie viele Naturvölker daran, dass die Natur selbst aus Göttern besteht, die »Orixas« genannt werden. Meine Oma verehrte die Götter der Sonne, des Windes oder des Meeres. Begriff den Menschen selbst als Teil der Natur, der mit ihr im Einklang lebt. Ihrer Meinung nach würden im Tod diese beiden Teile wieder zusammenfinden.

Dadurch, dass meine Omas einen komplett unterschiedlichen Glauben hatten, er aber für beide so erfüllend und bedeutsam war, habe ich schon sehr früh verstanden, wie groß und facettenreich dieses Thema ist: wie abstrakt und gleichzeitig greifbar, wie komplex und simpel gleichermaßen. Als Enkelin begriff ich früh den Unterschied zwischen Religion und Glaube: Sie reden über das Gleiche, aber in völlig unterschiedlichen Sprachen. Das hat meinen Blick auf die Welt früh geformt. Die eine rezitierte Bibelverse und sprach mit mir über ihre Bedeutung. Mit der anderen beobachtete ich die Wolken, wir erkannten in ihnen die Umrisse von Tieren oder Zeichen, die uns die Götter sandten. Für mich gibt es seither mehr zwischen Himmel und Erde, als wir sehen und beschreiben können. Was es auch sein mag und wie wir es nennen, das ist nicht wichtig, aber diese starke Verbundenheit mit etwas Größerem und dieses Vertrauen in die Welt habe ich immer schon empfunden.

Spiritualität, wie ich später lernte, ist etwas, das Menschen Angst machen kann. Es gibt Leute, die werden sogar für verrückt erklärt, wenn es darum geht, dass sie zu viel »sehen«. Ich bin diesem Thema schon immer vorurteilsfrei begegnet.

So konnte ich sinnlich nicht erlebbare oder rational nicht erklärbare Dinge wahrnehmen und erspüren. In ebendieser Erde sind meine Wurzeln von Anfang an gewachsen. Alles, was ich erlebt habe und erlebe, betrachte ich auf diese Weise. Die Spiritualität hat mich gelehrt, dass alles im Leben miteinander zusammenhängt, auch wenn wir nicht immer sofort erkennen, wie. Nichts geschieht ohne einen tieferen Sinn. Dass ich lebte und meine Freundin starb, musste einen Grund haben. Ich war überzeugt, dass es meine Bestimmung war, auf diesem Planeten zu sein. Welche, das würde ich eines Tages herausfinden.

Von Menschen, die aus der Favela kommen, wird erwartet, sie müssten alte Klamotten und kein Make-up tragen. Wir sollen auf ewig weinen, barfuß laufen und im Müll nach Lebensmitteln suchen. Wir sollen Opfer bleiben. Doch ich nahm diese Rolle nicht an. Seit dem Tod meiner Freundin ist das Thema »Maniküre« ein noch wichtigeres in meinem Leben geworden. Es hat für mich viel mit Selbstliebe zu tun und auch damit, Dinge zu überwinden. Darum verbinde ich den Geruch von Nagellack nicht mit einem Trauma, nein. Er hat für mich sogar etwas Tröstliches. Wenn Menschen auf der

Straße erschossen werden, dann hängt die Luft voller Angst, Hass und Wut. Lauter beschissene Sachen. Oft verbinden Menschen Traumata ihr Leben lang mit solchen Gerüchen. Manche entwickeln sogar einen Waschzwang, um dem zu entfliehen, was sie doch in sich tragen. Aber er verfliegt nicht. Im Gegenteil: Bei mir hat der scharfe, künstliche Geruch von Nagellack alles andere überlagert, wie ein Schutz. Ich rieche kein Blut, ich rieche nicht den Tod. In dem schlimmsten Moment meines Lebens war es dieser Duft, der mich gerettet hat. Kann schon sein, dass Nagellack objektiv betrachtet nicht besonders gut riecht, aber für mich ist dieser Duft extrem angenehm. Sauber, chemisch, fast wie eine Reinigung von allem Morbiden. Jede Woche lasse ich mir meine Nägel machen, egal, wo ich bin, egal, was in meinem Leben gerade passiert. Sie sehen jedes Mal anders aus, mal bunt, mal verziert, mal dezent glänzend, aber immer schön. Und erzählen alles und nichts darüber, woher ich komme.

Kapitel 2

Menschen, die nichts zu verlieren haben, lehren uns die wichtigsten Dinge

Wenn ich an meine Mutter denke, dann sehe ich sie umgeben von einer Traube von Kindern, die sich dicht an sie drängen. Mama trägt ein bunt gemustertes, luftiges Kleid, die dicken blonden Haare sind zu einem hohen Pferdeschwanz gebunden. Die Kinder schauen ihr gebannt zu, wie sie eine Nadel mit durchsichtigem Faden vorsichtig durch einen Melonenkern schiebt. Dann durch noch einen und noch einen. Einer nach dem anderen wandert auf die Schnur. Die getrockneten Kerne, bemalt mit farblosem Lack, glänzen so schön, als hätten sie gerade noch im Fruchtfleisch gesteckt. In Mamas kräftigen Händen entsteht daraus allmählich eine Halskette. Alle Augen sind auf sie gerichtet, die mit Hingabe dieses Schmuckstück fertigt. So viel Hoffnung liegt in diesem Moment. Er zeigt den Kindern die schönen Dinge des Lebens, während draußen vor dem schweren Eingangstor das Elend herrscht.

Viele sehen Brasilien als Urlaubsland voller Lebensfreude. Gleichzeitig ist es aber auch eines der gefährlichsten Länder der Erde. Mit über 56.000 Mordopfern starben laut dem Instituto Igarapé 2014 in Brasilien mehr Zivilisten durch Gewalt als zeitgleich in den Krisengebieten Afghanistan, Irak, Syrien und der Ukraine zusammen.[7] Recife hat eine der höchsten Mordraten im Land, taucht auch im Kriminalitätsindex der Welt regelmäßig weit oben auf. Es ist die Stadt, in der diese Kinder groß werden. Deshalb ist einmal eine selbst gebastelte Kette zu besitzen etwas, das in ihrer Wirklichkeit nie stattgefunden hat. Einer Wirklichkeit, in der es vor allem darum geht, genug zu essen für den Tag aufzutreiben.

Meine Eltern bieten ihnen einen geschützten Raum. Einen, an dem es nicht nur ums Überleben geht, sondern Kleinigkeiten wieder eine Bedeutung bekommen. Wie ein Schmuckstück, gemacht aus Dingen, die nichts kosten.

Schon bevor ich geboren wurde, hatten meine Eltern ihr Straßenkinderprojekt gegründet. Über vierzig Jahre ist das nun her, so lange bildet es bereits den Mittelpunkt ihres Lebens. Es ist ihre Mission, ihr Herz, ihr Alles. Und noch mehr. Dafür, den Kindern, die von der Gesellschaft vergessen werden, einen sicheren Ort zu erschaffen, kämpfen sie jeden Tag.

Meine eigene Geschichte begann im Grunde schon zu dieser Zeit – obwohl ich noch gar nicht auf der Welt war. Sie handelt von Kolonialisierung, Diaspora, Multikulturalität und Revolution. Von Glaube, Liebe, Leidenschaft, Inspiration, Hoffnung, Selbstbestimmung und noch vielem mehr.

Sich für andere einzusetzen bestimmte immer das Leben meiner Eltern. Sie lernten sich durch die Theologie der Befreiung kennen, eine christliche Bewegung, welche die Befreiung von Armut und Ausbeutung zum Ziel hatte. In den armen und überwiegend katholisch geprägten Bevölkerungsschichten bildeten sich seit Anfang der Sechzigerjahre sogenannte »Basisgemeinden«. Die Mitglieder waren meist einfache Bauern, Landarbeiter, Slumbewohner und Analphabeten, die ihre Alltagsprobleme gemeinsam zu bewältigen versuchten und sich gegen Ausbeutung, Entrechtung und Unterdrückung durch die Militärdiktatur wehrten. In der Teenagerzeit meiner Eltern war die Kirche nicht nur ein Ort zum Beten, sondern diente auch dazu, sich sozial zu engagieren. In der Gemeinde, in der sie beide groß geworden sind, begegneten sie sich zum ersten Mal. Ademilson gab einer Jugendgruppe Samba-Unterricht, meine Mutter tanzte dort.

Als die beiden Jahre später begannen, miteinander auszugehen, löste das erst mal wenig Begeisterung in der Familie meiner Mutter aus. Mein Vater ist schwarz, meine Mutter hat helle Haut und blonde Haare. Über die Wurzeln von Mamas Vater wissen wir rein gar nichts. Als Waisenkind haben zwei ältere Frauen ihn irgendwo auf dem Land inoffiziell adoptiert und ihm ein Dach über dem Kopf gegeben. Aber als er neun war, sind die beiden Frauen kurz hintereinander gestorben, und er ging nach Recife. Auch er hatte blondes Haar und helle Augen, meine Mutter sieht ihm sehr ähnlich.

Rassismus war damals ein noch größeres Problem als heute. Meine Oma sorgte sich, dass für meine Mutter Nachteile entstehen könnten, wenn sie einen Schwarzen heiratet; deshalb hatte sie Vorbehalte gegenüber meinem Vater. Mein Opa jedoch hat ihn vom ersten Tag an geliebt und schließlich auch meine Oma davon überzeugt, dass genau dieser Mann zu seiner Tochter gehört.

Meine Mutter war bei der Hochzeit erst neunzehn Jahre alt und bereits mit mir schwanger. Ihr Babybauch trat schon deutlich hervor, als sie die bolivianische Menschenrechtlerin und Politikerin Domitila Barrios de Chungara kennenlernte, die durch ihre Rolle im Widerstand bekannt geworden war. Im Jahr 1977 hatte sie ihr autobiografisches Buch *Let Me Speak* veröffentlicht und darin von ihrem Lebensweg erzählt, der von extremer Ungerechtigkeit geprägt war. Aber auch davon, wie sie eine politische Denkweise entwickelte und durch ihre Stimme das Leben vieler Menschen beeinflussen konnte. Der Preis, den sie für ihr Engagement zahlte, war hoch: Sie wurde in Gefangenschaft gefoltert und musste mitansehen, wie ihr Kind gleich nach seiner Geburt ermordet wurde. Meine Mutter war so beeindruckt von dieser Frau und so bewegt von ihrer Geschichte, dass sie sich entschied, mir ihren Vornamen zu geben. Und ich könnte nicht stolzer sein, diesen Namen zu tragen.

Meine ersten Schritte tat ich inmitten von Straßendemos oder bei geheimen Treffen, an denen Freunde meiner Eltern, die in Gefängnissen gefoltert worden waren, ihre Geschichte offenbarten. Schon in jungen Jahren begriff ich, dass die Marginalisierten, die angeblichen Straftäter, eigentlich gar nicht so böse waren, wie es in der Schule oder in den Medien dargestellt wurde. Bevor ich richtig laufen konnte, war ich schon Teil der Entstehung der Movimento Nacional de Meninos e Meninas da Rua (MNMMR), der Nationalen Bewegung der Straßenkinder. Ihre Anhänger, zu denen Mama und Papa gehörten, wollten Kinder und Jugendliche in ihrem Kampf für die Sicherung und Verteidigung ihrer Rechte unterstützen und erreichten schließlich, dass am 13. Juli 1990 endlich ein Gesetz zum Schutz von Kindern und Jugendlichen in die brasilianische Verfassung aufgenommen wurde. Das »Statut des Kindes und des Jugendlichen« war eine Errungenschaft. Seither werden sie, unabhängig von Ethnie und sozialer Klasse, als Wesen mit eigenen Rechten anerkannt, die sich in der Entwicklung befinden und somit besondere Beachtung vonseiten der Politik, der Regierung und der Öffentlichkeit verdienen. Eine Selbstverständlichkeit, müsste man meinen, die aber bisher keine war.

Der Orangensamen

Schon vor meiner Geburt war das Haus, in dem meine Eltern lebten, zu einem Treffpunkt geworden, an dem sie Straßenkindern Lesen und Schreiben beibrachten. Beide hatten trotz der Armut eine Schule besuchen können und wollten anderen den Zugang zu Bildung ermöglichen. Angefangen hatte das Ganze, als meine Mama ein paar bettelnde Kinder auf der Straße fragte, warum sie nicht in die Schule gingen. Sie antworteten, dass sie ihren kleinen Geschwistern etwas zum Essen organisieren müssten. Ohne lange darüber nachzudenken, machte sie ihnen ein Angebot: Sie durften abends zum Essen kommen, und sie würde mit ihnen das ABC lernen. Anfangs war es den Kindern kaum möglich, sich überhaupt auf etwas zu konzentrieren. Doch als Roberta begann, ihren Unterricht um ein paar Schlüsselworte herum aufzubauen, die im Alltag der Kinder am häufigsten auftauchten, hatte sie ihre Aufmerksamkeit gewonnen. Treppe. Schlamm. Müll. Dose. Das waren Worte, die einen konkreten Bezug zu ihrem Leben hatten. Ein Kind, das sie kannten, hatte sich beim Bau einer Treppe am Bein verletzt, das dann infolge einer bakteriellen Infektion amputiert werden musste. Die Bakterien vermuteten die Kinder in dem stinkenden Schlamm, den es in der Favela gab. Im Müll fanden sie Plastik und Dosen für den Verkauf. Und wenn sie Glück hatten, auch Essensreste.

Von den drei Kindern, mit denen alles anfing, lebt heute nur noch eines. Sein Name ist Vitolino. Damals stellten meine Eltern ihm und seinen beiden Freunden ihr Haus und ihren Kühlschrank zur Verfügung, damit sie Speiseeis herstellen konnten, um es auf der Straße zu verkaufen und Geld für Lebensmittel zu verdienen. Bald kamen jedoch so viele Kinder, dass Roberta und Ademilson aus allem, was sie finden konnten, vor ihrem Haus ein improvisiertes Klassenzimmer bauen mussten. Sie nannten ihr Projekt »Centro de Atendimento a Meninos e Meninas« (CAMM), was übersetzt »Zentrum der achtsamen Begleitung von Mädchen und Jungen« bedeutet. Eine Frau, die damals ihre Doktorarbeit über Straßenkinder in Brasilien schrieb, schenkte meinen Eltern das große Hanggrundstück in Linha do Tiro, auf dem sie bis heute das Projekt betreiben. Gemeinsam mit den Kindern und Jugendlichen bauten sie dort mehrere kleine Häuser: einen Schulraum, eine Küche und einen Speisesaal, Werkstätten, einen Schlafbereich und Ställe für Schweine und Hühner. Sie begannen, Tonschüsseln herzustellen, die sie mit Blumen aus dem projekteigenen Garten bepflanzten. Die Kinder nähten Kleider und bastelten Holzspielzeug für den Verkauf. Nicht *für* Kinder, sondern *mit* Kindern. Bis heute lernen sie dort, als eigenständige Menschen selbst Verantwortung für ihr Leben zu übernehmen.

Wenn ich an die Jahre als Kind und Teenager zurückdenke, dann überwiegt vor allem das Gefühl, als Mensch gesehen und wertgeschätzt zu werden. Meine Eltern haben uns immer in alles mit einbezogen. Meinen Bruder und mich genau wie alle anderen Kinder. Was gefällt euch, was nicht? Was wollt ihr verändern? Wie könnt ihr euch einbringen? Sie haben uns eigenverantwortlich aufwachsen lassen, weil sie uns als Individuen wahrgenommen und behandelt haben. Wenn in Deutschland jemand ein Kind etwas fragt, antworten die Erwachsenen meistens für das Kind. Das werde ich immer seltsam finden. Die Kinder in Linha do Tiro werden dagegen als eigenständige Menschen behandelt. Das war extrem wichtig für das Leben, das ich heute führe. Dadurch habe ich keine Angst, etwas zu fragen, ein Nein zu hören, denn ich kenne es nur so. Letztendlich hilft es dir sogar, dich selbst kennenzulernen. Ich glaube, es ist genau die Haltung meiner Eltern, jedem auf Augenhöhe und mit Respekt zu begegnen, die dazu beigetragen hat, dass sie von allen geachtet werden. Es gibt im Projekt keine Gewalt, keine Drogen. In vierzig Jahren wurde nur ein einziges Mal etwas gestohlen – unser Auto, das auf dem Gelände parkte. Obwohl wir sogar einen Computerraum haben und kaum jemand in der Favela einen Computer besitzt, wurde noch nie einer geklaut. Die Bewohner schützen diesen Ort, wo ihre Kinder hingehen.

»Wenn du einen Orangensamen pflanzen würdest, wärst du überrascht, eines Tages eine Orange zu ernten?« So lautet ein brasilianisches Sprichwort, das gut zu der Arbeit meiner Eltern passt.

Das Projekt wuchs, verwurzelte sich fester in unserem Viertel, brachte mehr und mehr Früchte hervor. Inzwischen kommen täglich sechzig Kinder zu CAMM. Über die Jahrzehnte wurde schon über fünftausend Kindern dort eine Perspektive geschaffen. Die meisten hörten hier zum allerersten Mal in ihrem Leben, dass jemand an sie glaubt. Dass sie etwas mitbringen, das wertvoll ist. Und dass sie Fähigkeiten haben, mit denen sie sich selbst ein menschenwürdiges Leben aufbauen können.

Ein geschützter Raum

Die Lebensrealität all dieser vielen Geschwister, mit denen ich aufgewachsen bin, gibt kaum Raum, auf irgendetwas zu hoffen. Die meisten stammen aus armen und kinderreichen Familien. Ihre Mütter sorgen oft allein für sie, weil die Väter im Gefängnis sitzen oder ermordet wurden. Obdachlose und arbeitende Kinder gehören zum Straßenbild von allen Großstädten Brasiliens. Manche sind nur tagsüber auf der Straße, kehren abends zu ihrer Familie zurück. Andere haben keinen Kontakt mehr zu ihren Eltern und müssen sich alleine durchschlagen. Die Gründe, sich für ein Leben auf der Straße zu entscheiden, sind vielfältig, aber der gemeinsame Ursprung ist die Armut. Oft treibt die Gewalt in der eigenen Familie sie aus dem Haus. Väter, die sich nutzlos fühlen, weil sie ihre Arbeit verloren haben, und überlastete Mütter wissen sich oft nicht anders zu helfen, als ihre Frustration an den schwächsten Familienmitgliedern auszulassen. Andere haben in ihrem Viertel Drogenschulden und fürchten, getötet zu werden, wenn sie dorthin zurückkehren. Das Leben auf der Straße erscheint zunächst als Möglichkeit, der Situation zu Hause zu entkommen. Die Kinder fühlen sich frei. Meistens merken sie allerdings schnell, dass diese Freiheit einen Preis hat. Konflikte, Gewalt, Missbrauch, Drogen – alles, dem sie entfliehen wollten, gibt es in noch größerem Maße auf der Straße.

Laut einem Jahresbericht von Amnesty International ist jedes siebte Kind in Brasilien obdachlos,[8] viele sind jedoch gar nicht registriert und tauchen somit in der Statistik nicht einmal auf. Mehr als eine halbe Million Minderjährige gehen der Prostitution nach. Sie ziehen in Banden durch die Städte, betteln, klauen oder durchwühlen mit bloßen Händen den Müll. Mit eigenen Augen habe ich gesehen, wie Kinder mit frei laufenden Hunden um abgelaufenes Essen kämpfen und aggressiv werden vor Hunger.

Nicht selten wird auch Jagd auf sie gemacht. Denn wohlhabende Bürger fühlen sich von den verwahrlosten Kindern so sehr bedroht, dass sie Leute anheuern, um sie verschwinden zu lassen. Händler, Ladenbesitzer oder Privatleute, die befürchten, beraubt zu werden, oder sich vom Anblick des Elends gestört fühlen, bezahlten laut einem *Spiegel*-Bericht aus dem Jahr 1991, der die Überschrift *Man muss diese Kinder töten*[9] trägt, Polizisten oder Killer dafür, dass sie aus ihrem Blickfeld verschwinden. Denn die Kinder, die auf den Straßen Bonbons oder ihren Körper verkaufen und auf Pappunterlagen schlafen, sind ein Sinnbild für die soziale Apartheid im Land und das Leid, das sie hervorruft. Sie fordern das schlechte Gewissen der Reichen heraus, die ihr Unbehagen darüber zu verdrängen versuchen, indem sie das Problem aus dem Weg räumen lassen. Der *Spiegel*-Artikel beschreibt, wie die Polizei in ihrem Bezirk Minderjährige gegen eine Beteiligung am Gewinn stehlen lässt oder beschlagnahmte Drogen an Straßenkinder zum Weiterverkauf gibt. Die Kinder seien der Willkür der Polizei vollkommen ausgesetzt: Lieferten sie zu wenig Schutzgeld ab, folgten Schläge oder Misshandlungen. *A Guerra dos Meninos*, den Krieg gegen die Kinder, den staatliche und selbst ernannte Ordnungshüter führen, hat auch der inzwischen verstorbene Journalist Gilberto Dimenstein in seinem gleichnamigen Buch dokumentiert – in einer Zeit, in der die Gewalt gegen Kinder eskalierte und Todesschwadronen erstmalig gezielt auf sie angesetzt wurden. Oft seien es Polizisten außer Dienst, die daran beteiligt wären. Oder solche, die nebenbei ihr Gehalt aufbessern wollten und vor nichts zurückschreckten. Die Leichen, die dann auf offener Straße entsorgt werden wie Müll, zeugen von namenloser Grausamkeit. Ausgestochene Augen, abgeschnittene Genitalien, Brandmale durch Zigaretten, die auf ihrer Haut ausgedrückt wurden – diese Dinge kenne ich nicht nur aus der Zeitung, sie passieren vor unseren Augen. Noch gut erinnere ich mich daran, dass ein Junge, der bei uns betreut wurde, in die Hände eines wohlhabenden Gönners fiel. Ich kann nur vermuten, für welche Zwecke er sich genau diesen Jungen ausgesucht hatte, denn er war auffallend hübsch. Eines Tages wurde seine grausam entstellte Leiche in der Nachbarschaft abgelegt. Die Botschaft: Das passiert, wenn ihr euch nicht an die Regeln haltet! Die Täter kommen meist straffrei davon. Die Polizei hat kein Interesse, gegen Todesschwadronen zu ermitteln, denen möglicherweise Kollegen angehören. Zeugen schweigen aus Angst um ihr Leben. Und wer interessiert sich schon für Kinder, die die Gesellschaft anscheinend nicht haben will?

Meine Eltern setzen mit ihrer Arbeit vor allem bei jenen an, die noch nicht völlig abgerutscht sind. Es sind Kinder, die aber mit großer Wahrscheinlichkeit auf der Straße landen würden, wenn sie in dem Projekt nicht betreut werden könnten. Der einzige Kindergarten, die einzige Bücherei, der einzige Spielplatz des ganzen Viertels befinden sich auf ihrem Gelände. Für die Kinder ist es ein Ort, an dem sie etwas zu essen bekommen, an dem sie lernen können, an dem sie aber vor allem in Sicherheit Kinder sein dürfen.

Es sind Kinder wie Anna. Der Vater ihrer Schwestern wurde wegen Drogenschulden ermordet. Anna und ihr Bruder haben einen anderen Vater, der aber noch eine zweite Familie hat. Ihre Mutter leidet an einem Tumor und kann sich wegen der starken Medikamente oft nicht um ihre Tochter kümmern. Die hygienischen Bedingungen in der Baracke, in der die Familie wohnt, sind so schlecht, dass Insektenlarven Wunden an dem Kopf des Mädchens verursacht hatten und sie ihre langen Locken abschneiden musste.

Ein anderes Kind, das bei uns aufgenommen wurde, ist João. Er war fünf Jahre alt, als sein Vater verschwand. Auf einem Platz in der Innenstadt hatte er Autos gewaschen und wurde zuletzt gesehen, als er in einen schwarzen Wagen einstiegen war. Seine Mutter gab João daraufhin zu seiner Großmutter, die noch fünf weitere Enkel versorgte. João hofft bis heute, dass sein Papa eines Tages zurückkommt. Wenn er malt, dann zeichnet er ihn in die Fenster des Hauses, in dem er mit seiner Oma lebt.

Die Geschichten der Kinder ähneln sich. Manche werde ich nie vergessen. Und oft staune ich, wenn ich sie mit den anderen lachen sehe, wie ein kleines Leben so einen großen Schmerz aushalten kann.

Wer zum Gelände von CAMM kommt, trifft dort auf ein riesiges Metalltor und hohe Zäune. Jemand, der das Leben in einer Favela nicht kennt, könnte sich darin eingesperrt fühlen. Aber für Kinder, die in Linha do Tiro aufgewachsen sind, ist es etwas völlig anderes. Es bedeutet, frei zu sein von der lähmenden Angst, da sie sich dort in einem geschützten Raum befinden. Auf diesem Gelände, auf dem auch ich den Großteil meiner Kindheit verbracht habe, ist alles einfach, selbst gebaut, improvisiert. Aber das ist nicht wichtig. Es ist ein friedlicher Ort voller Geborgenheit. Wir haben einen Garten mit einem knorrigen Mangobaum, Bananenpalmen und Kräutern, die in so ziemlich allen Gefäßen wachsen, die auch nur entfernt die Form eines Blumentopfes haben. An einer gefliesten Wand am Sportplatz steht ein Satz des Befreiungstheologen und ehemaligen Erzbischofs von Olinda und Recife, Dom Hélder Câmara, der auch »Bruder der Armen« genannt wird: »Anderen zu helfen bedeutet, ihnen zu beweisen, dass sie fähig sind zu denken.« Das ist auch der Leitsatz meiner Eltern. Die Kinder erfahren hier, dass sie all das in sich tragen, um sich ein Leben ohne Kriminalität selbst aufzubauen. Und sie lernen, Träume zu haben. Nicht alle werden in Erfüllung gehen, aber ohne zumindest daran zu glauben, würden sie nicht überleben. Und auch wir könnten dieses Projekt nicht machen, ohne daran festzuhalten, dass ein anderes Leben für diese Kinder möglich sein könnte.

Meine Eltern würden sich wohl nichts sehnlicher auf der Welt wünschen, als dass die Kinder Brasiliens sie nicht mehr bräuchten. Doch sie werden noch sehr lange Unterstützung benötigen. Es sind kleine Schritte in all dem Leid, das in diesem Land voller Ungleichheit herrscht. Und trotzdem zweifeln wir nicht, keiner von uns. Wir glauben nicht nur, dass Gerechtigkeit möglich ist. Wir glauben nicht nur, dass Ungleichheit abgeschafft wird. Wir glauben nicht nur, dass wir das Leben dieser Kinder verändern können. *Wir wissen das!*

Die riesigen Murals (Wandgemälde) und Graffiti in den Gemeinschaftsräumen haben die Jugendlichen selbst gemalt. Sie zeigen *Shrek* und *SpongeBob*, aber auch Kinder, die mit erhobenen Händen breitbeinig an der Wand stehen, daneben Fadenkreuze. Der Vater des Jungen, der diese Bilder gemalt hat, ist verschwunden. Traumatische Erlebnisse können sie hier in Kreativität umwandeln. Eine ganz neue Erfahrung.

Manche lernen aber auch erst mal etwas, das den Kern des Kindseins ausmacht und wir alle für unsere Entwicklung brauchen: zu spielen. Es gibt kaum etwas Traurigeres als ein Kind, das so früh erwachsen werden musste. Das nicht weiß, warum es Dinge nur um ihrer selbst tun sollte. Aus Freude. Für so etwas ist im Leben der Kinder oft nie Platz gewesen. Erst durch die anderen bekommen sie mit, wie es überhaupt geht – und wie gut es sich anfühlt, dabei die Zeit zu vergessen. Aber im gemeinsamen Spiel ist es auch eine Herausforderung, anderen gegenüber nicht aggressiv zu werden, wenn man verliert oder der andere etwas nicht abgeben will. Sozialverhalten lernen sie erstmalig im Projekt. Auch, wie man sich die Zähne putzt. Manche haben nicht mal eine Idee davon, wie man eine Klospülung bedient, weil sie noch nie an einem Ort waren, an dem es eine Toilette gab.

Wenn ich bei CAMM bin, gehört es zu meinen festen Aufgaben, das Essen zu verteilen. Die Kinder sitzen dann auf weißen Plastikstühlen an einer langen Tafel aus zusammengeschobenen Tischen, jeder bekommt seine Portion auf einem bunten Teller aufgetan. Ich lebte schon lange in Deutschland, als ich einmal bei einem Besuch einen Jungen ansprach, der gerade den ersten Tag bei meinen Eltern war. Es war mein Versuch, Kontakt aufzubauen, er wirkte verunsichert und verschlossen.

»Schmeckt es dir?«, fragte ich, um mit ihm ins Gespräch zu kommen. Er sah mich mit großen Augen an und erwiderte, dass er die Frage nicht verstanden hätte. Ich wiederholte sie, wurde konkreter: »Möchtest du Salz?« – »Ist es zu scharf?« Er zuckte ratlos mit den Schultern. Erst später, als er Vertrauen gefasst hatte, erzählte er mir, dass er das erste Mal in seinem Leben etwas frisch Gekochtes gegessen hatte. Darum verstand er auch meine Frage nicht. Es muss für ihn wie eine Offenbarung gewesen sein. Alles, was er bisher gegessen hat, waren Sachen, die andere Menschen auf den Müll geworfen hatten.

Heroes

Oft werde ich gefragt, ob es nicht schwierig für mich gewesen sei, die Liebe meiner Eltern mit so vielen anderen teilen zu müssen. Doch das musste ich nie. Sie hatten genug für alle. Auch wenn viele Kinder bei uns lebten, die mit so großen Sorgen zu uns kamen, als hätten sie schon ein ganzes Leben hinter sich, fühlte ich mich als Tochter wahrgenommen. Die Bedürfnisse der Gleichaltrigen um mich herum waren vielleicht elementarer als meine, aber trotzdem haben meine Eltern das, was mich bewegte, ernst genommen. Aus einem Brief, den meine Mutter zu meinem sechzehnten Geburtstag verfasst hat, kann man ablesen, wie tief unsere Verbindung war und bis heute ist. Sie hatte schon immer eine poetische Ader und schreibt wundervolle Gedichte. Ihre Zeilen hüte ich wie einen Schatz.

Liebe Domitila,
als du geboren wurdest, hatte São Pedro die Nächte vom Rauch seiner Freudenfeuer getrübt. In den ersten sonnigen Tagen standen wir vor dem Haus, dein rosiges Gesicht im Kontrast zu meinem blassen. Mein ganzes Blut schien an

dich geflossen zu sein. In den ersten Tagen schlief niemand, deine biologische Uhr funktionierte nicht so wie unsere. Du hast tagsüber geschlafen und bist nachts wach geblieben. Jahre vergingen. Du bist so ein großes Mädchen geworden, so klug. Manchmal lehrst du mich. Manchmal bist du still, manchmal laut. Manchmal bist du alles, manchmal bist du nichts. Manchmal weinst du, manchmal lächelst du. Die Sommersprossen auf deinem hellen Gesicht. Großes Mädchen, wenn sie recht hat. Trauriges Gesicht, wenn sie nicht bekommt, was sie will. Für alles, mit den besten Wünschen, möge sie weiterhin den Fußstapfen Jesu Christi folgen, möge er sie weiterhin lehren.

Alles Gute zum Geburtstag!
Deine Mama

Trotz der großen Gemeinschaft war es meinen Eltern wichtig, die Kernfamilie am Leben zu halten. Wir haben Stunden und Tage gehabt, in denen wir zusammen waren, nur wir vier. Es war eine kostbare Zeit, in der sie nur uns sahen, auch wenn ihre Arme und Gedanken oft so vielen anderen Kindern gehörten, die sie brauchten.

Carlos und ich hatten es uns nicht ausgesucht, in einem sozialen Projekt groß zu werden. Es war die Entscheidung meiner Eltern, die Welt zu retten. Und da ihnen das sehr bewusst war, schenkten sie uns diese Momente. Uns. Aber auch sich selbst. Sogar im turbulenten Alltag gab es Augenblicke, in denen Familie Barros nah zusammenrückte. Meist am Abend in dem kleinen Raum mit dem großen Bett, neben dem immer die Bibel lag. Die Decken, unter denen wir nachts schliefen, wurden tagsüber zu Hängematten umfunktioniert. Lavendelaroma in der Luft. Manchmal sprachen wir noch miteinander, oft fielen wir aber alle todmüde ins Bett. Es war unser einziger Rückzugsort, an dem der Rest der Welt draußen blieb.

Uns diesen Raum zu geben war auch der Grund, warum es meinen Eltern so wichtig war, dass wir eine Schule außerhalb des Projekts besuchten. Es bedeutete einen enormen Kraftakt, jeden Monat die umgerechnet etwa fünfzig Euro Schulgeld aufzubringen. Aber es ging um so viel mehr als um Bildung. Sie wollten uns die Chance geben, eine eigene Persönlichkeit zu werden. Wenn wir immer nur die Kinder von Roberta und Ademilson gewesen wären, hätten wir nie unsere eigenen Interessen entdeckt, einen eigenen Freundeskreis aufgebaut, wären nie eigenständig geworden.

Meine Eltern waren für mich sehr transparent. Aber auch: schonungslos ehrlich. Sie haben mich wie gesagt nie glauben lassen, dass ich in einer Prinzessinnen-Welt groß werde. Deswegen habe ich auch die Gefahr verstanden, die auf mich wartet, wenn ich das Haus verlasse. Sie war real, und sie war greifbar. Mit Themen wie Abtreibung bin ich früh in Berührung gekommen. Schon als Kind wusste ich, dass Frauen auf offener Straße vergewaltigt werden. Manchmal war ich gerade da, wenn die Opfer zu uns kamen und davon erzählten. Wenn ich darüber nachdenke, fällt mir wirklich keine Situation ein, in der meine Eltern gesagt hätten: »Du musst jetzt bitte rausgehen, weil wir etwas besprechen, das nur für Erwachsene bestimmt ist.« Was sollte das auch sein? Ich lebte genauso in dieser Realität wie sie.

Die Geschichten der Kinder und Jugendlichen, die zu uns kamen, kannte ich. Auch solche, die dich daran zweifeln lassen, dass es wirklich Menschen sind, die so mit Kindern umgehen. Dass sie mich dem schon so früh ausgesetzt haben, ist nichts, was ich meinen Eltern vorhalte, im Gegenteil. Es hat mich sensibel gemacht, denn ich spürte das Leid der Kinder fast körperlich. Und es hat mir geholfen, die Welt anzunehmen und zu akzeptieren, so wie sie ist – auch in ihrer Brutalität und Grausamkeit. Dadurch bin ich in der Lage, die Dinge ehrlich und ungeschönt zu betrachten. Heute möchte ich noch weniger, dass Menschen mir Sachen verheimlichen, um mich zu schonen. Nein, ich will konfrontiert werden, ich will das Kind beim Namen nennen.

Wer einmal mit meinen Eltern durch Linha do Tiro gelaufen ist, der wird erleben, was die beiden für ein Standing in der Favela haben. Sie werden behandelt wie Götter. Die Leute wollen sie umarmen, sich bei ihnen bedanken, sie schauen zu ihnen auf und fragen sie um Rat. Und als ich klein war, waren sie auch für mich die Heroes. Ich habe sie bewundert und gedacht, sie seien schon fertig in ihrer Entwicklung. Dabei waren sie im Grunde selbst noch Kinder. Wenn wir Kind sind, merken wir nicht, dass wir auch unseren Müttern und Vätern dabei zusehen, erwachsen zu werden. Meine Erwartungen an sie waren extrem hoch. Ich dachte, sie können alles, wüssten alles. Aber irgendwann habe ich verstanden, sie nicht nur als Eltern zu lieben, sondern auch als Menschen. Als Menschen, die ihr Bestes geben, die hart arbeiten, um Träume zu realisieren, um Kinder zu guten Menschen zu erziehen. Aber die auch ihre Schwächen haben. Und Dinge mit sich herumtragen, die sie nie verarbeitet haben.

Geburtstage sind so ein Thema. Wenn mein Vater seinen großen Tag hat, dann verschwindet er. Er ist einfach weg und kommt manchmal erst am nächsten Tag wieder. Ich musste erst selbst erwachsen werden, um seine Beweggründe zu verstehen. Es sind die armen Verhältnisse, in denen er groß geworden ist. Meine Oma hatte ihm damals versprochen, ihm eine Uhr zu schenken, wenn er die beste Note mit nach Hause bringt. Er bekam zwar diese Note, aber nie diese Uhr, bis zu ihrem Tod nicht. Es ist für ihn ein sehr emotionales Thema, durch das er wieder zum kleinen Jungen wird. Es ist schwierig für mich, das mitanzusehen. Er ist dieser große, starke Mann, aber in diesen Momenten auch ganz hilflos. Zweimal habe ich ihm schon eine Uhr geschenkt, aber er trägt sie nicht. Er trägt überhaupt keine Uhr, weil sie nicht von seiner Mutter kommt.

Dass mein Geburtstag ganz groß gefeiert wurde, hat denselben Hintergrund. Denn mein Geburtstag war eigentlich der Geburtstag meiner Eltern. Weil sie nie die Möglichkeit hatten, ihre eigenen zu feiern, und auch selbst keine Geschenke bekommen hatten, machten sie bei uns Kindern eine riesige Sache daraus. Meine Mama war immer extrem aufgeregt und hätte die Geschenke, die sie eigens für uns eingepackt hatte, wohl am liebsten selbst wieder geöffnet. In diesen Momenten wurde auch sie wieder zum Kind.

Trotz der Armut und der Probleme um uns herum hatte ich selbst keine traurige Kindheit. Als Kind bedeutete Glück für mich, in der Natur zu sein, an den Strand gehen zu können. Dinge zu zelebrieren. Ich würde sogar sagen, wir brauchten das Feiern, um zu überleben. Es gab so viel Trauer um uns herum. Umso größer und schöner mussten die Momente der Freude sein. Schon früh habe ich die Weihnachtsfeier für die ganze Familie organisiert, nur damit ich sicher sein konnte, dass alle zusammen sein werden. Zu dieser Zeit habe ich dieses Wichtel-Spiel aus Europa in unserer Familie etabliert,

bei dem jeder in der Runde wenigstens ein Weihnachtsge-
schenk bekommt. Ich wollte glücklich sein dürfen und schenken und beschenkt werden.

Fünfzig Geschwister

Auch wenn wir nicht viele Spielsachen hatten, mangelte es
uns nie an Ideen. Ich habe es geliebt, mit Kreide Formen auf
den Boden zu zeichnen und damit Hüpfspiele zu machen.
Doch das Größte war für mich, verstecken und fangen zu
spielen. Bei uns gab es die Regel, dass du an höheren Orten
geschützt warst, dich dort also niemand fangen durfte. An
meinem Wohnort gab es jede Menge davon: Mauerreste,
übereinandergestapelte Holzpaletten, leere Tonnen und
Bäume, die das Spiel zu einem echten Abenteuer werden
ließen.

Rennen, klettern, Fußball spielen, das war meine Welt. Ich
war dieses Kind, das bis zum Umfallen draußen mit den anderen gespielt und jedes Mal geweint hat, wenn es hieß: »Ihr
müsst jetzt duschen!« Ich hasste duschen, weil ich wusste,
wir hatten dann keine Spielzeit mehr und mussten schlafen
gehen. Nie war ich satt, konnte nicht genug bekommen,
wollte an jedem Tag noch mehr erleben, alles aufnehmen,
nichts verpassen. Da sein in jedem Moment.

Aber es gab auch viele Situationen, in denen wir nicht unbeschwert sein konnten, denn es war oft hart für mich, die
Tochter von Roberta und Ademilson zu sein. Manche der
anderen Kinder waren eifersüchtig auf mich und meinen Bruder, weil wir die »privilegierten« Kinder waren. Sie wollten so
verzweifelt die Aufmerksamkeit von Erwachsenen, und wenn
Carlos und ich dann unsere Eltern in Beschlag nahmen, wur-

den sie wütend. Lief ich weinend zu Mama oder Papa, schauten sie mich böse an, als wollten sie sagen: »Glaubst du, du bist etwas Besseres?« Außer meinen Eltern gab es für viele niemanden, der sich wirklich um sie kümmerte. Sie klebten an ihnen und saugten gierig alles auf, was sie an Zuneigung und Zuwendung bekommen konnten. Deshalb machte es mich auch traurig, wenn manche Kinder mich unter dem Tisch heimlich kniffen oder mich ignorierten und beim Spielen ausschlossen.

Manchmal war ich so wütend, weil ich meine Eltern für mich haben wollte. Als Teenager wünscht man sich auch, dass sich die Welt mal nur um einen selbst dreht. Oder am Muttertag tanzten alle für meine Mutter und nannten sie »Mama«. Dann krampfte sich mein Herz zusammen. Gleichzeitig genoss ich aber auch das Gefühl, Teil von etwas Großem zu sein. Die anderen Kinder hatten entweder keine Eltern mehr oder zumindest keine, die sich um sie kümmern konnten. Deswegen wollte ich dankbar sein, dankbar, dass meine noch lebten – und für mich da waren. Da ich die Welt kannte, aus der die Straßenkinder stammten, konnte ich sie auch verstehen. Für sie war es viel schwieriger als für uns, das Teilen. Carlos und ich wussten, dass wir einen besonderen Platz bei unseren Eltern einnahmen, wir hatten diese Momente, in denen es nur um uns ging. Für die anderen gab es keine täglichen Fahrten in Papas altem Käfer, keine Familienausflüge in den Park, nicht das Gefühl dazuzugehören, egal, was kommt.

Ein eigenes Fahrrad. Eine schöne Puppe. Wie jedes Kind träumte auch ich von materiellen Dingen. Aber wenn meine Eltern sie mir nach langem Betteln ermöglichten, dann konnte ich mich doch nie ganz unbefangen darüber freuen. Weil sie mich von den anderen Kindern trennten. Auch darauf waren manche Kinder neidisch und bestraften mich, indem sie manchmal wochenlang nicht mit mir redeten. Doch mit der Zeit fand ich heraus, dass es vor allem darauf ankam, wie ich mit der Situation umging. Nur weil mir meine Eltern eine Puppe schenkten, gab es keine Schläge. Aber wenn mich die Kinder darum baten, auch mal damit spielen zu dürfen, und ich ihnen antwortete: »Nein, ich habe sie bekommen! Es ist meine!«, dann gab es Ärger. Die Kinder sind ehrlich. Sie waren sauer, und die Puppe war weg. Manchmal kam sie dann ohne Augen zurück. Heulend zu meiner Mutter gehen konnte ich nicht, denn ich war selbst schuld, weil ich nicht geteilt hatte.

Manchmal nervte es mich aber, dauernd vernünftig zu sein und mich richtig zu verhalten. Manchmal hatte ich einfach keinen Bock, meine Puppe zu teilen. Schließlich war ich auch nur ein Kind. Doch dieses Gefühl war von Anfang an da. Wenn ich als Dreijährige in die Küche marschierte, in der in riesigen Töpfen Reis und Bohnen für die Kinder gekocht wurden, musste ich sofort kehrtmachen: »Domitila, wie können wir den anderen Kindern sagen, sie dürfen hier nicht rein, wenn du es machst?« Also tapste ich davon, verstand es schon bald nicht mehr als Bestrafung, dass mir der Zutritt verweigert wurde, sondern begriff allmählich: Du musst ein Vorbild sein. Du musst dich an die Regeln halten, damit es auch die anderen Kinder tun und sie nicht noch mehr Stress machen. Das war oft anstrengend, weil ich mit dem Gefühl durch die Welt ging, meinen Eltern das Leben noch schwerer zu machen, wenn ich meinen Part nicht erfüllte. Diese Rolle habe ich extrem früh verinnerlicht.

Die meisten Kinder, die zum Projekt kommen, kennen keine Grenzen. Und die, die sie kennen, wurden ihnen nicht durch Erziehung beigebracht, sondern durch das Leben, durch die oft schmerzvollen Erfahrungen. Im Projekt müssen sie zunächst lernen, zu einer bestimmten Zeit aufzustehen, zur Schule zu gehen, zu duschen, niemanden zu schlagen. Und ich musste erst einmal verstehen lernen, dass sie manche Dinge nicht aus Bösartigkeit machten, sondern weil sie nie erfahren haben, wie Menschen respektvoll miteinander umgehen.

Das bekam ich vor allem dann zu spüren, wenn wir gemeinsam Capoeira übten. Schon als ich sehr klein war, habe ich mit dem Kampftanz angefangen, der seinen Ursprung in der Kolonialzeit hat. Die Sklaven durften damals nicht kämpfen lernen, da die Herren sich sonst bedroht gefühlt hätten. So haben sie jeden Sonntag etwas aufgeführt, das aussah wie ein Tanz, aber eigentlich ein Kampftraining war. Ich habe sehr schnell die krassesten Moves gelernt, weil ich wusste: Die anderen Kinder haben keine Hemmungen, dir ein Bein zu brechen. Erst hat es mich eingeschüchtert, dann mutig gemacht. Ich lernte, hochzuspringen, schnell zu sein, vor allem aber, keine Angst zu haben. Das war ein extrem cooles Gefühl, das einem nur Menschen beibringen können, die nichts zu verlieren haben. Sie gaben alles, dachten nicht an die Konsequenzen. Wenn man sich etwas dabei brach, dann würde es der Arzt schon reparieren. Man trägt vielleicht eine Narbe davon, aber das Leben geht weiter. Am Ende geht es nur darum, in dem einen Moment klarzukommen. Worum denn sonst? Das haben mir die Kinder beigebracht, die nie eine Schule besuchen durften. Grenzen sind gut, ohne sie würde unsere Gesellschaft nicht funktionieren. Aber Grenzen bringen auch neue Grenzen. Sie hindern uns daran, grenzenlos zu träumen.

Viele denken, dass niemand diese Kinder haben will. Doch das stimmt nicht. Obwohl Mama und Papa das Projekt seit vierzig Jahren betreiben, gab es die Situation, in der Eltern ihr Kind freiwillig abgeben wollen, fast nie. Sie wollen die Kinder behalten, so gut wie ausnahmslos. Oft fehlen ihnen aber schlicht die finanziellen Möglichkeiten, sich so um die Kinder zu kümmern, wie es nötig wäre. Aber wenn die Kleinen tagsüber bei CAMM betreut werden und ihnen ein Stück der Verantwortung abgenommen wird, dann schaffen die Eltern das meistens.

Zu den wenigen Ausnahmen gehörte Maria, ein Mädchen, das direkt von der Straße zu uns gekommen war. Als wir sie kennenlernten, war sie vierzehn Jahre alt. Wir haben sie begleitet, bis sie zweiundzwanzig war. Schon als kleines Mädchen hatte sie auf den Straßen von Recife gelebt, sich als Kind prostituiert. Schon früh hatte sie angefangen, sich mit Klebstoff zu betäuben. Weil Drogen bei CAMM verboten sind, ist sie irgendwann immer wieder zurück auf die Straße gegangen.

Maria war sehr schön, sie erinnerte mich an meine Mutter mit ihren blauen Augen und den langen, blonden Locken. Irgendwann brachte sie dann einen Jungen zur Welt. Als sie den Entschluss fasste, ganz auf der Straße zu leben, fragte sie, ob sie ihn bei uns lassen könnte. Doch dann tauchte sie wieder auf, um das Kind zurückzufordern, weil sie mit ihm beim Betteln mehr verdienen konnte. Deshalb hatten meine Eltern keine andere Wahl, als ihr Geld zu geben, damit sie den Jungen in Sicherheit bei uns ließ. Es war eine verfahrene Situation. Am Ende hat Maria den Kleinen wieder ganz zu sich genommen und mit ihm auf der Straße gelebt. Wie gern hätten wir ihn bei uns behalten, vor so einem Leben bewahrt.

Kapitel 3

Wir dürfen nie aufhören, groß zu träumen

Dort, wo ich herkomme, werden Kinder eigentlich nicht nach ihren Berufswünschen gefragt.

»Und, was möchtest du später einmal werden?« Diese Frage kenne ich aus Deutschland, sie passt in einen Kontext, in dem viele an der Aufgabe verzweifeln, aus der Flut der Möglichkeiten das Richtige auszuwählen. Wäre es deshalb nicht zynisch, Kindern, die in einer Favela groß werden, so eine Frage zu stellen? Einerseits ja. Weil sie nicht so unendlich viele Optionen haben. Andererseits nein, denn ich würde sie damit immer ermutigen wollen, groß zu denken. Damit sie sich nicht schon durch die äußeren Umstände selbst limitieren, bevor sie zu träumen begonnen haben.

Meine Eltern haben immer die Talente in mir gesehen, die ich zwar geahnt, aber selbst nicht erkannt habe. Nicht unbedingt, was die schulischen Leistungen anging. Sie haben mich aber darin gefordert, dass ich meinen Platz finde, an dem ich mich wohlfühle und an dem ich mich nie unter Wert vergebe.

Woher diese beiden Menschen den Glauben genommen haben, dass man alles erreichen kann, kann ich schwer erklären. Zumal ihnen das Leben oft das Gegenteil vor Augen führt. Wenn aber ein Leitspruch zu ihnen passt, dann: »The sky is the limit.« In ihnen stecken so viel Hoffnung, so viel Motivation, so viel Antrieb, Dinge zu bewegen und zu verändern. In den Augen dieser zwei, die immer umgeben waren von den extremen Einschränkungen, die Armut mit sich bringt, kann man alles schaffen. In mir haben sie schon früh diesen Samen gepflanzt, mich ermutigt, in meinen Gedanken in den Himmel zu wachsen. Und das tat ich.

In ihrem Projekt wurde zum Beispiel Schauspielerei angeboten. Natürlich war ich sofort dabei. Dass ich es so sehr mochte, an diesem Unterricht teilzunehmen, genau wie beim Trommel- oder Capoeira-Unterricht, lag auch daran, dass wir dabei von Erwachsenen betreut wurden. So chaotisch das Leben in der Favela war, sosehr mochte ich klare Regeln und Strukturen. Ich genoss es auch, mal außerhalb der Verantwortung zu stehen. Du musst dich um nichts sorgen, es gibt jemanden, der für dich zuständig ist und dich schützt. So einen Raum zu haben, an dem man Kind sein darf, war für mich extrem wertvoll. Aber es war noch so viel mehr: die große Chance, meine Träume erlebbar zu machen! Gerade weil wir kaum etwas hatten, um uns zu verkleiden oder ein Bühnenbild zu gestalten, entfaltete sich unsere Fantasie in voller Blüte: Ich schlüpfte in Berufe, die in meiner Realität zwar niemand ausübte, aber von denen ich wusste, dass es sie irgendwo auf der Welt gab. Auf der Bühne durfte ich eine NASA-Wissenschaftlerin sein, die unentdeckte Planeten, ferne Galaxien und unbekannte Himmelskörper erforscht. Ein Model, das mit stolzem Blick über den Laufsteg von Mailand schwebt. Eine Ingenieurin, die Geräte entwickelt, die unsere Welt noch nicht kennt. Auf der Bühne, die noch nicht mal eine war, sondern nur in meinen Gedanken existierte, konnte ich so viel bewegen. Ich wurde gesehen, in all den verschiedenen Facetten, die mich ausmachen.

Die schönsten Tage im Jahr waren für mich Johannistag, Kindertag und Weihnachten. Denn dann fanden unsere Aufführungen statt, und ich konnte vor großem Publikum strahlen. Das absolute Highlight war jedes Jahr das Krippenspiel. Wenn ich daran zurückdenke, dann merke ich erst, wie unglaublich offen meine Eltern waren. Immer schon. Meine Mama weiß bis heute nicht genau, wofür LGBTQI* steht, sie würde sich wahrscheinlich sogar schwertun, Begriffe wie transgender und queer voneinander abzugrenzen. Aber das braucht sie auch nicht. Sie redet nicht über Toleranz und Gleichberechtigung, sie lebt sie. Wenn meine Eltern mal einen wichtigen Termin hatten und niemand aus der Familie einspringen konnte, passten Freunde von ihnen auf mich auf, die homosexuell oder transgender waren. Ihre sexuelle Orientierung oder Identität interessierte meine Eltern nicht im Geringsten, es ging nur darum, dass sie Herz hatten und der Vibe passte. Wer also war die richtige Besetzung für die Jesus-Figur? Da wir nicht nur Jesu Geburt, sondern auch seine Kinderjahre in Szene setzten, musste auch ein älteres Kind für diese Rolle gefunden werden. Wer war also geeignet? Das Kind, das am besten diesen Part verkörperte – oder das Kind, für das es gerade ein besonderes Geschenk bedeutete, ihn spielen zu dürfen. Das war vielleicht ein schwarzes Kind. Oder ein Mädchen. Zuordnungen waren völlig unwichtig.

Nur ich durfte nie Jesus sein, obwohl ich es so gern gewesen wäre. Aber ihrer Tochter konnten sie die Hauptrolle nicht geben, wenn es darum ging, die benachteiligten Kinder zu fördern. Aber lange traurig war ich darüber nie, denn ich mochte alle Rollen gern. Das Schauspielen war für mich eine Möglichkeit, mit ganz anderen Gefühlen konfrontiert zu werden und darüber zu fantasieren, wie es wäre, wenn alles, was ich mir vorstellte, wirklich wahr werden würde. Die Antwort lautete: wunderbar. Weit weg und zugleich zum Greifen nah. Spielerisch konnte ich all das sein, was ich mir in meinen Gedanken ausgemalt hatte. Das hat mein Leben gerettet. Weil es von da an für mich keine Träume mehr gab, die nicht auch in Erfüllung gehen konnten.

Schon als Sechsjährige sah ich mich auf einer großen Bühne. Es gibt Fotos aus dieser Zeit, auf denen ich mich als Mini-Model in Szene setze, mit der Hand vor dem Mund lächelnd, damit man meine Zahnlücke nicht sieht. In meinen Gedanken lag mir die Welt zu Füßen. Ich stand gern im Mittelpunkt und mochte die Aufmerksamkeit. Meine Eltern ließen mich sein. Sie haben mich der Mensch sein lassen, der ich war. Das ist unbezahlbar.

Bis heute ergreife ich jede Möglichkeit, mich weiterzuentwickeln, Neues zu probieren. Ich liebe es, wenn alles in Bewegung ist, wenn sich die Dinge laufend neu gestalten. Was auch immer das Leben mir bietet, ich nehme es als Herausforderung an. Denn wenn man nichts zu verlieren hat, macht das Leben mehr Spaß. Ohne Haare, ohne Zähne und ohne Kleidung bin ich geboren. Alles, was jetzt noch obendrauf kommt, ist Gewinn. So sehe ich das.

»Es ist nicht wichtig, woher du kommst, sondern, wohin du gehen willst.« Das Motto meiner Mama. Aber wohin wollte ich gehen? Überallhin, raus in die Welt!

Gut sein. Glücklich sein. Enge Freunde haben. Und mit

Spaß etwas Positives auf dieser Welt hinterlassen, etwas, das bleibt. Das war immer das, was ich erreichen wollte, wenn ich groß bin.

Früh begann ich, vom Reisen zu träumen. Der Grund dafür war auch ein deutscher Student, Uwe, der mehrfach zu uns kam, um im Projekt mitzuhelfen und für seine Abschlussarbeit an der Uni über Straßenkinder in Brasilien zu recherchieren. Das erste Mal, als ich noch ganz klein war. Ich fand es unglaublich, dass er mehrmals so eine weite Reise zu uns machen konnte, und fragte ihn direkt: »Woher hast du so viel Geld, um zu uns zu fliegen?« Auch wenn ich nicht wusste, was so ein Ticket genau kostete, so war ich mir zumindest sicher, dass man reich sein musste, um es sich leisten zu können. Aber Uwe erklärte mir, dass er dort, wo er zu Hause war, nicht als reich galt. Trotzdem kam er mehrmals zu uns. Als Student. Das hat für mich keinen Sinn gemacht. So fing ich an, von Orten zu träumen, an denen sogar Studierende die Möglichkeit haben, in ferne Länder zu reisen. Zu studieren verband ich fortan mit der Idee, die Welt kennenzulernen. Die Gespräche mit Uwe und später auch mit anderen Studierenden, die aus Europa oder Asien zu uns kamen, inspirierten mich. Schon als kleines Mädchen begann ich, in Gedanken ins Flugzeug zu steigen und Orte zu entdecken, an denen ein anderes Leben möglich war.

Aber es war nicht nur die Sehnsucht, die in mir geweckt wurde. Ich fing langsam an, Dinge zu hinterfragen. Dadurch, dass diese Studierenden mir von ihrer Lebensrealität erzählten, wurde mir überhaupt erst bewusst, dass Menschen in anderen Teilen der Erde anders lebten als wir. Es regte sich in mir ein Bewusstsein für die soziale Ungleichheit auf unserem

Planeten. Reisen war einerseits ein großer Luxus, aber ich sah es damals auch als Tür in eine gerechtere Welt.

Meine Eltern waren zu dem Zeitpunkt noch nie außerhalb Brasiliens gewesen, dabei waren sie viel älter als der Student aus Deutschland. Sie hatten während ihrer Uni-Zeit nie die Möglichkeit gehabt, eine Reise zu machen. Erst viel später begannen sie, auf Einladungen unserer Spender Reisen nach Europa zu unternehmen, nach Deutschland, in die Schweiz oder in die Niederlande – um dort von ihrer Arbeit in Brasilien zu berichten. Sie sahen erstmalig andere Ecken der Welt. Aber als Touristen an einen so weit entfernten Ort zu reisen, womöglich noch in einem Hotel zu schlafen, das lag jenseits ihrer Vorstellungskraft. Denn reisten wir nach Europa, um unser Projekt vorzustellen, dann wohnten wir privat bei den Spendern.

Die meisten Bewohner einer Favela träumen nicht einmal davon, das Land zu verlassen, so fern ist diese Idee. Die Mutter meines Vaters war mit fünfundsechzig Jahren zum ersten Mal am Meer, obwohl Recife direkt am Ozean liegt und von wunderschönen Stränden umgeben ist. Erst als ihre Kinder lange erwachsen waren, hat sie es geschafft, dorthin zu fahren. Genau wie meine Oma kann es sich der Großteil der Bevölkerung nicht leisten, Ausflüge zu machen oder länger zu verreisen. Und ich glaube, deshalb hat es für uns einen größeren Stellenwert, andere Kulturen, andere Lebensstile kennenzulernen. Meine Mutter hat oft gesagt: »Du bist zu groß für Brasilien, Domitila. Man muss nicht so leben.« Sie war sich der Lebensmöglichkeiten außerhalb des Armutsviertels sehr bewusst.

Giving back

Ich durfte immer sein, wer ich wollte. Und wie ich wollte. Das Einzige, was meine Eltern mir jedoch nie hätten durchgehen lassen, war die Opferrolle. Du leidest? Du bist wütend? Du bist verletzt? Okay, dann steh auf, und tu was dagegen! Dieses Gefühl, gebraucht zu werden, etwas bewegen zu können, hat mir extrem viel Kraft gegeben. Auch den Mut, der dazugehört, und die Überzeugung, was richtig ist im Leben. Die klare Botschaft, die sie mir vermittelt haben, war: Zweifle nicht, mach einfach, es wird schon irgendwie klappen! Wenn ich mir den Kopf darüber zerbrach, wie ich mein Leben in eine gute Richtung lenken könnte, dann hat meine Mutter zu mir gesagt: »Domitila, du hast deinen Namen. Du wirst nichts erben, das ist nicht included. Wenn du dafür sorgst, zu der Person, die du bist, stehen zu können, dann reicht das. Viel mehr brauchst du nicht, der Rest kommt von allein.« Damals war das für mich schwer zu glauben. Aber ich vertraute wohl kaum einem Menschen so wie ihr.

Es war auch diese Haltung meiner Eltern, die mich dazu brachte, mir nach dem Tod meiner Freundin eine Aufgabe zu suchen. Einerseits wusste ich, dass ich ab der siebten Klasse selbst das Schulgeld aufbringen musste, wollte ich weiter zur Schule gehen. Aber es war auch der Moment in meinem Leben, in dem ich lernte, meinen Schmerz in Vitalität umzuwandeln. Herumzuliegen und mich zu verkriechen war keine Option. In unserem Leben passierte schließlich dauernd irgendetwas Schlimmes. Nach dem Tod meiner Freundin vergingen nur wenige Wochen, als schon wieder jemand gewaltsam starb. Es gab keine Gelegenheit, sich der Trauer hinzugeben. Man war jeden Tag gefordert.

Daher beschloss ich, den Kindern Lesen und Schreiben beizubringen. Denn das war für mich der Weg, der aus diesem gefährlichen Umfeld herausführen konnte. Neugierig und wissensdurstig war ich schon immer. Bei den wenigen Anlässen, zu denen wir uns mal in einem großen Geschäft aufhielten, liefen die anderen Kinder gleich zu den Spielzeugen, ich jedoch in die Schreibwarenabteilung. Buchstaben bildeten in meiner Fantasie das Tor zur Welt. Es mag paradox klingen, aber tatsächlich war meine Oma, die Analphabetin, meine Inspiration, wie ich den Kindern das Lesen vermitteln konnte. Bis zu ihrem Tod hat sie es selbst nie gelernt, aber es uns dennoch allen beigebracht. Durch ihre Fantasie, ihre Motivation, ihr komplettes Dasein. Wenn sie mitbekam, wie wir Kinder zu Hause das ABC übten, schüttelte sie entschieden den Kopf, und sagte: »Nein, das hört sich nicht richtig an.« Für sie war es wie Musik, und sie wusste, wie es zu klingen hat. Sie mag nicht gebildet gewesen sein, aber sie war unglaublich klug. Sie wusste nicht, wie etwas geschrieben wird, aber über eine musikalische Ebene hatte sie ein feines Gefühl. Sie hat mich gelehrt, es anderen genauso zu vermitteln. Intuitiv.

Mein großer Vorteil war dabei, dass es keine Erwachsenen gab, die irgendeinem Standard folgten oder mir vermittelt hätten, dass sie es besser wussten. Stattdessen fragten sie mich: »Domitila, wie würdest du es machen?«

Jeder hat seine Stimme. Obwohl ich selbst noch sehr jung war und keine pädagogische Ausbildung hatte, wurde ich gefragt, wie ich es angehen würde. Das hat gereicht, eine Idee zu entwickeln. Wie meine Oma habe ich versucht, meinem Gefühl zu folgen und mich in diese Kinder hineinzuversetzen. Man kann nur kreativ und innovativ sein, wenn man seine inneren Barrieren überwindet. Gerade wenn man Angst hat, muss man umso mehr nach vorne gehen. Du fürchtest dich? Na, dann los! Geh erst recht raus, und trau dich! »Perfection is f****** insecurity with lipstick on.«[10] Das hat der amerikanische Multiunternehmer, Autor und Influencer Gary Vaynerchuk mal gesagt. Dieses Bild mag ich sehr. Für mich steht es dafür, dass wir mutig sein sollen, Dinge auszuprobieren, und uns mehr Fehler erlauben. Es wird nicht immer klappen, aber das ist menschlich, und es geht trotzdem weiter.

Als ich mit dem Unterrichten begann, war ich dreizehn Jahre alt, die Kinder neun und zehn. Kein großer Altersunterschied. Ich verstand sie, fühlte wie sie – und ich wusste: So, wie Lesen und Schreiben an der Schule vermittelt werden, finden die es total langweilig. Vor allem für diese Kinder, die nie gelernt hatten, sich zu konzentrieren, konnte dieses Lernmodell nicht funktionieren. Die Kinder, die in meiner Gruppe waren, hatten eine unerschöpfliche Energie, aber schafften es nicht, sich hinzusetzen und bei einer Sache zu bleiben. Wir nennen sie die »Gruppe der gesegneten Kinder«. Natürlich kenne ich die Grundlagen von Aufmerksamkeitsdefizit-Hyperaktivitäts-Störung (ADHS), aber wir betrachten sie nicht so – für uns ist ihre Energie ein Geschenk.

Die Kinder, die es nicht schafften, in großen Gruppen zu lernen, kamen zu mir. Und ich fühlte, dass es nur klappen würde, wenn sie beim Lernen springen und tanzen und Freude empfinden würden.

»Versuch es einfach!«, war die Antwort meiner Eltern, die ich fast erwartet hatte, als ich ihnen meine Idee unterbreitete.

Bald gab ich meine erste Stunde. Am Anfang las ich den Kindern ein Buch vor, um sie ein bisschen auf den Geschmack zu bringen. Aber ich merkte schnell, dass sie innere Blockaden hatten. Viele waren noch nie mit Papier oder Buchstaben in Berührung gekommen. Sie waren nicht bei der Sache, fingen an, sich mit anderen Dingen zu beschäftigen. So legte ich das Buch beiseite und machte es wie meine Oma – aus dem Bauch heraus. Ich fing an, aus der Geschichte ein Theaterstück zu entwickeln. Irgendwann haben wir einen Song komponiert, und dazu wurde getanzt. Das ABC kam danach. Erst nach vielen Monaten versuchten sie das, was sie kreiert hatten, in einfachen Worten zu formulieren und den anderen vorzutragen. Sie waren nun offener und neugieriger, um die Buchstaben, die ich vorgab, nachzuschreiben.

Diese Kinder hatten Feuer gefangen, sie liebten den Unterricht, und sie lernten. Buchstaben. Worte. Ganze Sätze. Die Idee funktionierte, weil sie nicht aus der Theorie heraus entstanden war, sondern aus der Not: weil die Kinder keine Lust hatten, drei Stunden am Stück nur zu sitzen. Wir haben gemeinsam ausprobiert, was funktioniert. Das Resultat war Tanzen und Schauspiel, das mit Buchstaben verbunden war.

Damals war ich froh und stolz, den Kindern etwas geben zu können, aber ich bekam mindestens genauso viel zurück. Wenn ich selbst aus der Schule nach Hause kam, freute ich mich schon auf meine Gruppe. Die Arbeit half mir, wieder Grund unter den Füßen zu spüren, sie erfüllte und forderte mich. Sie gab mir das Gefühl, dass es einen Sinn hatte, hier auf diesem Planeten zu sein.

Wenn ich zurück in die Favela komme, ist es für mich die größte Freude, diesen Kindern wieder zu begegnen, die natürlich längst keine mehr sind. Meine Schüler. Die meisten der Kinder und Jugendlichen, denen ich damals Lesen und Schreiben beigebracht habe, wohnen immer noch in der

Favela. Aber sie sind nicht auf der Straße oder im Gefängnis gelandet. Und das ist der größte Lohn für unsere Arbeit. Sie konnten vielleicht nicht in ein wohlhabenderes Viertel ziehen oder die Welt entdecken, aber sie haben die Chance genutzt, sich ihr Leben frei von Kriminalität zu gestalten. Diese Kinder waren so knapp davor, auf der Straße zu landen, aber durch Bildung haben sie nun eine höhere Lebensqualität. Und das, obwohl sich die Situation in der Favela seit meinen Kindertagen nicht verbessert hat, eher im Gegenteil: Noch immer sterben die Menschen auf den Straßen. Von denen, die im Projekt betreut wurden, schaffen es nicht alle, auf ihrem Weg zu bleiben. Aber viele eben doch. Wenn ich sehe, dass manche Mütter und Väter geworden sind, denen es gelingt, sich selbst um ihre Kinder zu kümmern, gibt mir das extrem viel Power, um weiterzumachen.

Elisangela, von allen Mina, genannt, ist das erste Kind, das ein Studium abgeschlossen hat. Sie ist heute Erzieherin und arbeitet als Koordinatorin in unserem Projekt. Andere arbeiten als Autowäscher, als Pflegekraft im Krankenhaus oder am eigenen Süßigkeitenstand. Es sind oft einfache Jobs, aber darum geht es nicht. Sondern darum, sich selbstständig seinen Lebensunterhalt verdienen zu können.

Ein würdevolles Leben zu führen.

Ein Sommer in Berlin

In meinen Eltern wirkte der Tod meiner Freundin stärker nach, als sie mir nach außen zeigen wollten. Sie litten unter Schuldgefühlen, weil sie dachten, mich dieser Situation ausgesetzt zu haben – so, als hätten sie selbst entschieden, arm zur Welt zu kommen. Sie waren sehr streng mit sich. Mit der

Therapie hatten sie versucht, es ein Stück weit wiedergutzumachen. Doch ich hatte bald das Gefühl, dort nichts mehr zu besprechen zu haben. In dieser Phase meines Lebens halfen mir der Schauspielunterricht und die Arbeit mit den Kindern so viel mehr. Meinen Eltern war es aber wichtig, dass ich wieder ein Gefühl von Sicherheit entwickeln konnte. Doch das war dort, wo wir lebten, nicht möglich. Die Gefahr war überall spürbar.

In dieser Zeit bekam ich eine Einladung aus Berlin. Als ich erst drei Jahre alt war, hatte ein deutscher Filmemacher eine Doku über Straßenkinder in Brasilien gedreht, und CAMM war eines der Projekte, die er mit seinem Team besucht hatte. Seit diesen Tagen spendet seine Familie für uns und hat auch einen Verein gegründet, um uns zu unterstützen. Nun fragten sie mich, ob ich nicht einen Sommer mit ihrer fast gleichaltrigen Tochter in Deutschland verbringen wollte. Ich freute mich, aber zögerte trotzdem. Was würde aus meinen Schülern werden? Würden sie ohne mich zurechtkommen? Doch meine Eltern überzeugten mich, sodass ich mutig genug wurde, die Einladung anzunehmen. Die Familie aus Berlin wusste, wer ich war und woher ich kam, sie kannten meine Bedürfnisse und meine Realität zu Hause. Ich fühlte mich gut aufgehoben. Mama und Papa sahen darin aber auch die Möglichkeit, die traumatischen Erfahrungen hinter mir zu lassen und ein paar unbeschwerte Wochen erleben zu können. Sie wollten, dass ich in eine andere Welt eintauchte, um hoffnungsvoll und positiv zu bleiben. Und für mich war es die große Chance, Zugang zu Bildung zu erhalten, denn ich sollte sogar mit der Tochter der Familie gemeinsam das Gymnasium besuchen. Ich konnte kein Wort Deutsch und kaum Englisch, aber irgendwie würde ich klarkommen. Etwas Unterstützung sollte ich durch einen Dolmetscher bekommen, der regelmäßig zu uns nach Hause kommen würde. Schon damals wollte ich Sprachen lernen, denn ich sah es als eine Möglichkeit, aus der Favela rauszukommen.

Bis heute weiß ich nicht, wie sie es angestellt hat, aber als ich meine Klamotten in eine kleine blaue Reisetasche aus Polyester packte, stand meine Mutter plötzlich mit einem Paar Sneakers in der Tür. Sie waren weiß, sie waren neu, und sie waren die coolsten Schuhe der Welt. Meine Eltern hatten sie extra für die Reise gekauft, in zwölf Raten über die Kreditkarte. Für meine Leute war ich nun die Einzige, die ein paar Sneakers hatte – niemand besaß so etwas Teures. Wir Kinder liefen meistens barfuß. Was für ein Privileg, mit zwei Paar Schuhen nach Deutschland zu fliegen: mit Flip-Flops und meinen neuen Turnschuhen. Jeder wollte sie sehen, alle wollten sie anprobieren. Diese Schuhe, sie waren eine große Sache. Viel mehr Statussymbol konnte es in einer Favela nicht geben.

Angekommen in Deutschland, konnte ich den Blick der anderen auf meine Schuhauswahl anfangs nicht einordnen – doch bald verstand ich, was er bedeutete. Das, was in Linha do Tiro als Privileg galt, war in Berlin ein Zeichen dafür, dass ich nichts hatte. Meine Mitschülerinnen hatten nicht nur ein paar Turnschuhe, sondern mehrere andere Modelle in verschiedenen Farben. Außerdem Sandalen für den Sommer, Übergangsschuhe für den Herbst, Boots für den Winter, Hausschuhe, Badeschuhe, Gummistiefel, Ballerinas, Sportschuhe mit weißer Sohle für die Turnhalle, Wanderschuhe mit Profil. Jedes einzelne Kind hatte mehr Schuhe als eine neunköpfige Familie aus meinem Viertel.

Doch die Schuhschränke waren nicht das Einzige, womit

ich klarkommen musste. In dem Haus meiner Gastfamilie in einer feinen Gegend bewohnte ich das Dachgeschoss – größer als die Wohnung, in der meine Oma mit ihren zehn Kindern gelebt und in der ich einen Großteil meiner Kindheit verbracht hatte. Dort sein zu dürfen erfüllte mich mit Dankbarkeit, aber auch mit Scham. Wenn ich nachts zwischen den weichen Kissen in meinem eigenen Bett lag, während wir uns in »Schusslinie« zu viert eines teilen mussten, konnte ich nicht anders, als an zu Hause zu denken. Wenn ich entscheiden durfte, ob ich meine Spaghetti lieber mit Pesto, Tomatensoße oder Kirschtomaten essen wollte, hockten die Schuldgefühle mit am Tisch. Wie kannst du hier sitzen und diese teuren Sachen essen, während die anderen zu Hause vielleicht nicht einmal wissen, ob sie alle satt bekommen werden?

Aber ich habe es auch genossen, dass ich ein eigenes Zimmer hatte. Privatsphäre kannte ich bisher gar nicht, dass man die Tür zumachen und sagen darf: »Jetzt bitte nicht! Ich komme gleich.«

Alles war sehr anders, sehr clean.

Angesichts des Wohlstands, der mich hier umgab, wurde mir die schwierige Lage der Menschen zu Hause noch bewusster. Und die Ungleichheit auf unserer Erde. Ich wollte genießen, das schöne Zuhause, die Aufmerksamkeit, all das, was ich hier kosten durfte. Aber ich war es nicht gewohnt, ohne meine Leute zu sein, ihnen nichts davon abzugeben. Glück definierte sich für mich vor allem darüber, ob ich etwas zum Wohl meiner Community beitragen konnte. Es mir gut gehen zu lassen, während die anderen nicht daran teilhaben konnten, war schwer für mich. Was war mit meiner Familie und meinen Freunden, die zurückgeblieben waren?

Allmählich konnte ich die Zeit in der Schule genießen. Ich fand es schön, dass die einzigen Sorgen der Schüler waren, nicht zu spät zu kommen, gute Noten zu schreiben oder was sie zum Ausflug tragen würden. Die Klassen waren sehr klein, nie mehr als zwanzig Schüler, in Brasilien waren wir meistens um die fünfzig.

Die Zeit mit den Jugendlichen war toll, weil sie mir vermittelten, ein Teil von ihnen zu sein und dass sie auch etwas von mir lernten, nämlich lustiger, mutiger und fröhlicher wurden, wenn ich dabei war.

Beeindruckt hat mich, was die Schüler zum Essen in die Schule mitnahmen. In Brasilien ist das meiste frittiert und sehr süß, Hauptsache billig und schnell zubereitet. Hier gab es geschnittenes Obst und Gemüse und liebevoll belegte Pausenbrote. Bis dahin kannte ich kein Schwarzbrot und konnte kaum glauben, wie man so etwas freiwillig essen wollte.

Ein Moment, den ich nie vergessen werde, weil in ihm all diese widersprüchlichen Gefühle plötzlich aufeinanderprallten – Freude und Ernüchterung, Begeisterung und Unverständnis –, war der Besuch im Chemielabor des Gymnasiums meiner Gastschwester. Als ich eintrat, wusste ich ehrlich nicht, ob ich weinend zusammenbrechen oder jubelnd an die Decke springen sollte. Vor mir ein lichtdurchfluteter, riesiger Raum mit Labortischen, alle mit schwarzen Schiefertafeln, Reagenzgläsern, Bechergläsern, Erlenmeyerkolben und Petrischalen ausgestattet. An den Wänden Regale mit Chemikalien. Vor der Tafel ein großer Präparationstisch mit Mikroskopen und Messinstrumenten. Ich sehe Schüler, die in Gruppen arbeiten, Experimente durchführen, lachen und Spaß beim Lernen haben. Ihre Stimmen vermischen sich mit dem Klirren von Glasbehältern. Und ich stehe an der Tür, blicke auf diese fremde Welt und staune.

Meine Mutter hätte alles dafür gegeben, einmal so ein Labor zu betreten. Bevor sie ihren Bachelor in Pädagogik machte, hatte sie begonnen, Chemie zu studieren. Aber nicht einmal an ihrer Universität hätte man ein Labor gefunden wie dieses. Es war so ziemlich das Coolste, was ich jemals gesehen hatte. Dass ich so ein Labor betreten, all diese Gerätschaften sehen und ausprobieren durfte, war nicht weniger als der Wahnsinn.

Es war wichtig für mich, in diesem Labor gewesen zu sein, denn von nun an konnte ich nicht nur von einem besseren Leben träumen, ich wusste, wie es auszusehen hätte. Weil ich eine Gesellschaft kennengelernt hatte, in der die Zukunft schon stattfand. Hätte mir jemand erzählt, dass es an Schulen in Deutschland so aussieht, ich hätte es nicht geglaubt. Das, was ich mir erträumt hatte, existierte schon.

Es war eine Blase, in der ich einen Sommer lang lebte, das war mir bewusst. Ein wohlhabendes Viertel am Rand von Berlin, mit Einfamilienhäusern und Limousinen in der Garage. Die gesellschaftliche Apartheid war in Brasilien nicht so unmittelbar spürbar, da ich dort selten Berührungspunkte mit sehr vermögenden Leuten hatte. In Deutschland dagegen schon. Hier trafen Bildungsbürgertum und Arbeiterschicht direkt aufeinander. Es war faszinierend für mich zu sehen, dass eine der besten Freundinnen meiner Gastschwester einen Briefträger zum Vater hatte. Dass die Tochter eines erfolgreichen Filmemachers mit der Tochter eines Postboten in eine Klasse ging, wäre in Brasilien niemals möglich. Das war für mich sehr bewegend. Man denkt und träumt ganz anders, wenn man

sieht, dass soziale Schichten auch überwunden werden können – zumindest im Kleinen.

Sicherheit

Schon immer habe ich es geliebt, Fahrrad zu fahren. In Brasilien war es jedoch leider mit Gefahr verbunden. Im Grunde
war es nur auf einem Fahrradweg im Park möglich, wenn
meine Eltern mich begleiteten. Allein durch die Favela oder
womöglich in ein angrenzendes Viertel zu strampeln, auf die
Idee wäre ich niemals gekommen. Als ich sieben war, fuhr
ich einmal heimlich auf der Straße, übersah ein Schlagloch
und brach mir beim Sturz den rechten Arm. Offener Arm-
bruch. Es war eine aufwendige Operation. Dabei hatten wir
noch nicht mal eine Krankenversicherung. Doch gute
Freunde meiner Eltern setzten sich dafür ein, dass wir die
Operation kostenlos bekamen. Wir hätten sie uns niemals
leisten können.

Aber es waren nicht die Stürze, die mir Angst machten,
sondern der Gedanke daran, vom Rad gezogen, ausgeraubt
oder vergewaltigt zu werden. Dinge, die in Recife an der Ta-
gesordnung waren. In ganz Brasilien hätte ich niemals nachts
mit dem Fahrrad fahren dürfen. So leichtsinnig war niemand.
Es war viel zu gefährlich, für ein Mädchen sowieso.

So nahm ich ganz selbstverständlich an, dass es auch in
Berlin nachts nicht sicher sein konnte. Es war ein warmer
Sommerabend, kurz vor den großen Ferien. Meine Gastschwester und ich waren ein paar Straßen weiter zu einer
Party eingeladen. Wir nahmen die Räder. Ich war mir sicher,
dass uns später jemand abholen und wir am nächsten Tag
noch mal herkommen würden, um bei Tageslicht die Fahr-

räder mitzunehmen. Doch als es Zeit war, uns auf den Heimweg zu machen, lief meine Gastschwester ganz selbstverständlich dorthin, wo wir die Räder abgestellt hatten. Bei völliger Dunkelheit! Wollte sie wirklich mit mir alleine los? Niemand würde uns begleiten? Da ich nicht feige rüberkommen wollte, fragte ich nicht nach, spürte aber, wie die Angst in mir aufstieg und meinen Hals enger werden ließ. Sie fuhr vor mir, sie kannte ja den Weg. Ich folgte ihr, versuchte, mich klein zu machen, um möglichst wenig Angriffsfläche zu bieten. Immer wieder drehte ich mich um. Waren da Schritte hinter uns? Ein Rascheln im Gebüsch? Ich suchte nach der Gefahr, um sie rechtzeitig zu erkennen. Lauerte da jemand, der uns überfallen würde? Mein Herz galoppierte, als wir endlich in die Einfahrt einbogen und sicher zu Hause waren. Doch ich versuchte, mir nach wie vor nichts anmerken zu lassen.

»Hattet ihr Spaß?«, fragten meine Gasteltern ganz unbedarft. Sie konnten ja nicht ahnen, dass ich in dem Gefühl zurückkam, knapp dem Tod entronnen zu sein.

Erst allmählich begriff ich, dass sie uns gar keinem Risiko ausgesetzt hatten, sondern es in dieser Nachbarschaft ganz normal war, dass zwei Teenager in der Dunkelheit mit dem Rad nach Hause fuhren. Weil es eine sichere Gegend war, in der niemand davon ausging, dass etwas passierte. Als ich langsam verstand, dass ich mich hier angstfrei bewegen konnte, wäre ich am liebsten nur noch laut singend durch die Straßen gefahren. Was für ein wundervolles, unwirkliches Gefühl, an warmen Sommerabenden durch die Gegend zu sausen. Anfangs drehte ich mich, meinem Instinkt folgend, noch häufig um, aber irgendwann merkte ich: Ich verliere irgendwann noch die Balance und baue einen Unfall, wenn ich nicht damit aufhöre. Das war der Moment, in dem ich spürte, wie unglaublich befreiend es ist, sich ohne Angst bewegen zu können. Zum ersten Mal hatte ich das Gefühl, Teenager sein zu dürfen. Aber es hat mir auch klargemacht, wie viele Traumata ich schon in mir trug. Es war an der Zeit, meine Muster zu durchbrechen und zu erkennen, dass dieser Standard der Angst, in dem ich aufgewachsen bin, nicht überall auf der Welt galt.

In Brasilien gibt es so viele Einschränkungen durch die Gefahren, die überall lauern. Aber auch durch die fehlende Infrastruktur. In Deutschland ist alles darauf ausgelegt, dass jedes Kind sicher in die Schule gehen kann. Es gibt öffentliche Verkehrsmittel, die funktionieren, die meistens pünktlich und sauber sind. In Brasilien kommt man ohne Auto nur schwer irgendwohin, und da es zu viele Autos gibt, herrscht dauernd Stau. Wenn doch ein Bus fährt, ist er rappelvoll, kaum fahrtüchtig – oder beides.

Dieser Sommer hat mich noch mal neu gelehrt, das Gute und das Schlechte als Ergänzung zu sehen: Weil ich in Brasilien Gewalt ausgesetzt war, schickten mich meine Eltern nach Deutschland. Weil ich dorthin kam, habe ich mir nicht nur eine neue Sprache angeeignet, sondern auch an Selbstbewusstsein dazugewonnen. Das Leben in der Favela hatte mir alles mitgegeben, um überall auf der Welt zurechtzukommen. Schon als Kind ging ich offen auf Menschen zu – egal, aus welchem gesellschaftlichen Kontext jemand stammte –, weil ich gelernt hatte, jedem mit Respekt und auf Augenhöhe zu begegnen.

Meine Mutter beginnt noch immer zu weinen, wenn das Gespräch darauf kommt, dass sie mich mit nur dreizehn Jahren alleine nach Deutschland gehen ließ. Sie denkt bis heute, dass ich zu jung war. *Sie* hätte in der Lage sein müssen, mich zu schützen. Dann antworte ich immer: »Sorry, Mama, aber ich habe mir nicht ausgesucht, in Linha do Tiro groß zu werden. Du kannst dort dein ganzes Leben mit den Kindern verbringen, und ich habe größten Respekt davor, aber ich kann es nicht. Ich bin dankbar, dass ihr mich habt gehen lassen.«

Sie sorgten dafür, dass ich ein anderes Leben kennenlernte. Einen Sommer in Berlin. In dem ich oft Angst hatte, Fehler zu machen. Diese Erfahrung, in die Welt hinauszugehen, war extrem wichtig: »Pass auf dich auf. Wir können jetzt nicht mehr bei dir sein«, hatten sie zum Abschied gesagt. Meinen Eltern muss bewusst gewesen sein, dass ich nicht bei ihnen bleiben würde, wenn ich einmal hinausgegangen wäre in die Welt. Für mich hätten sie ihre Liebe nicht stärker unter Beweis stellen können als dadurch, dass sie mich losgelassen haben.

Kapitel 4

Du selbst kannst die Veränderung sein, die du auf der Erde sehen willst

Ich stürmte durch das bunt bemalte Stahltor, das die Straße und das Projektgelände voneinander abgrenzt, brauchte ewig, bis ich meine Mutter endlich fand, die gerade dabei war, mit den Kindern farbenfroh verzierte Konservenbüchsen mit Erde zu befüllen, um Kräuter darin zu ziehen.

»Mama, ich hab einen Award bekommen!«

Meine Mutter, unaufgeregt wie immer. »Moment, Domi, ich muss hier erst mal etwas fertig machen.«

»Beeil dich, beeil dich, Mama, sonst explodiere ich!«

Ich wollte ihr sofort alles erzählen. Jedes Detail. Aber erst mal schaufelte sie in aller Seelenruhe weiter Erde in die zerbeulten Gefäße.

Es war etwas Großes passiert. So stand es in dem Brief, den ich in der Obstkiste aus grünem Plastik gefunden hatte, die in unserer Straße als Briefkasten diente. Da in der Favela nicht jedes Haus eine Nummer hat, benutzen wir Wäschekörbe, übereinandergestapelte Schubladen oder eben Obst- und Gemüsekisten als Briefkastensystem. Das erste Haus an der Hauptstraße teilt dann jeweils die Adresse mit allen, die dahinter liegen. Als ich an diesem Tag nachsah, ob Post für uns dabei war, lag dort dieser weiße Umschlag, es befand sich ein Stempel darauf und er war offenbar auf dem Computer geschrieben worden, sogar an mich persönlich adressiert. Ich konnte mich nicht erinnern, je zuvor so hochoffizielle Post bekommen zu haben, und öffnete ihn behutsam. Ungläubig las ich die Worte immer wieder und konnte es trotzdem nicht begreifen. Ich, Domitila Barros, sollte einen Preis dafür bekommen, dass ich Kinder spielerisch durch Theater und Tanz alphabetisierte. Es dauerte, bis die Information wirklich bei mir ankam. Ich stand einfach da, wiederholte die Worte laut und konnte nicht glauben, dass das wirklich geschah.

Vor einiger Zeit hatte ich selbst einen Brief geschrieben, um mich bei den *Millennium Dreamers* zu bewerben. Die großen Familienmarken McDonald's und Disney hatten anlässlich der Jahrtausendwende dieses Programm ins Leben gerufen, das genauso selten und besonders sein sollte wie dieses Ereignis. Zusammen mit der UNESCO (United Nations Educational, Scientific and Cultural Organization) wollten sie weltweit zweitausend junge Menschen zwischen acht und fünfzehn Jahren mit einem Preis auszeichnen, die in ihren Gemeinden positiv auffallen und ihrer Community etwas zurückgeben.

Als meine Eltern von den *Millennium Dreamers* erfahren hatten, ermutigten sie mich zu einer Bewerbung. In dem Text, den ich Wochen zuvor verfasst hatte, erzählte ich davon, wie ich den Kindern von CAMM auf meine ganz eigene Art und Weise Lesen und Schreiben beibrachte. Ich hatte nicht unbedingt mit einer Antwort gerechnet, aber ich wollte es zumindest nicht unversucht lassen. Nun hatten sie mir tatsächlich zurückgeschrieben. Aber nicht nur das: Ich war unter den Auserwählten!

Es war, als würde die Zeit stehen bleiben und sich alles um mich herum auflösen. So, als könne jede Reaktion dazu führen, dass sie sich die Sache noch einmal anders überlegten, stand ich wie eingefroren da. Ich war fünfzehn Jahre alt und sollte eine Auszeichnung von der UNESCO bekommen? Ernsthaft? Ich wusste, dass es eine Organisation der Vereinten Nationen war, die Bildung, Wissenschaft und Kultur fördert, um Frieden und Sicherheit auf der Welt zu wahren. Auch wenn ich immer groß geträumt hatte, überstieg das nun doch alles, was ich mir je hätte vorstellen können. Wie unglaublich war das? So viel Freude in mir, ich wusste kaum, wohin damit. Ich sollte sogar Vertretern und Vertreterinnen der Vereinten Nationen von meinem Leben erzählen dürfen. In Florida, im Walt Disney Resort in Orlando, würden wir zu einem mehrtägigen Treffen zusammenkommen. Ein Kindergipfel, bestehend aus lauter jungen Menschen, die die Welt verändern wollten. Und ich war eingeladen.

Es war unbegreiflich.

Aber es wurde noch besser. Jemand würde mich als mein Plus Eins nach Disney World begleiten dürfen. Keine Sekunde musste ich darüber nachdenken, wen ich mitnehmen wollte. Mama!

Als sie sich nun nach einer gefühlten Ewigkeit die Erde von den Händen geklopft hatte und zu mir kam, sprudelte die Neuigkeit aus mir heraus. Ich war so aufgeregt, dass meine Sätze kaum mit meinen Gedanken mitkamen, sich meine Stimme überschlug. Es dauerte einen Augenblick, bis sie begriff, was das Durcheinander, das aus meinem Mund kam, bedeutete. Dann war es mit ihrer Coolness vorbei. Sie umarmte mich lange. Und als sie mich wieder losließ und ich ihr sagen konnte, dass sie mitkommen dürfte, da legte sich ein Ausdruck auf ihr Gesicht, den ich so noch nicht kannte. Wie ein kleines Mädchen, das man in einen Spielzeugladen führte, damit es sich aussuchen konnte, was immer es sich auch wünschte. Unglaube, Rührung, Seligkeit. Alles auf einmal.

Meine Mama hat selbst extrem früh angefangen zu arbeiten, sie hat ihre Jugend nie wirklich ausleben können. Jetzt bekam nicht nur unsere Familie endlich eine Anerkennung, sondern ganz nebenbei sollte sie noch ein Stück Kindheit nachholen dürfen. Disney World! Mehr Kindheitstraum ging nicht. Sich den je zu erfüllen, war so weit weg gewesen, dass sie sich nicht mal getraut hätte, in Gedanken dorthin zu reisen. Dieser Ort schien immer auf einem fernen Planeten gelegen zu haben, doch auf einmal war er in greifbare Nähe gerückt. Eigentlich absurd, sie überhaupt zu fragen, ob sie mich begleiten wollte.

»Ja! Nichts lieber als das.«

Orlando, Florida. Dort zu landen hätte alles Mögliche für uns sein können. Ein Zuviel an allem. Ein Kulturschock. Eine Überforderung. Überfluss, der sich anfühlt wie eine Provokation, wenn man in Armut lebt. Aber für mich war es nur eins: traumhaft. Nichts anderes. Es war das Schlaraffenland und das Paradies auf Erden. Jeden Tag schien die Sonne. So hell, dass man sich nicht einmal vorstellen konnte, dass es hier überhaupt dunkle Wolken gab, geschweige denn Regen. Wir durften erst mal nur sein und genießen.

Der Eingang von Disney World markierte den Übergang in eine andere Welt. Das Cinderella-Schloss. Das Haus von

Mickey Mouse. Wir konnten uns in gigantischen Teetassen schwindelig fahren. Mit der Space-Mountain-Achterbahn, die durch das Weltall führt, durch die Sterne fliegen. Auf einem Holzfloß donnerten wir durch einen riesigen Wasserfall. Alle Disney-Figuren in Überlebensgroß! Eine Umarmung von Goofy, Fotos mit Minnie. Es war rührend zu sehen, wie meine Mutter, damals eine Frau von Mitte dreißig, sich mindestens so gefreut hat wie die Kinder um uns herum. Unbeschreiblich. Eine Traumzeit. Alles schien auf einmal möglich zu sein. Dieser Gedanke setzte sich in mir fest, als ich zum ersten Mal in diesen Kosmos eintreten durfte.

Zwei Wochen lang waren wir nur im Glück. Wir Kinder wurden mit Medaillen geehrt. Bei der Eröffnungsfeier trugen wir T-Shirts in den Farben verschiedener Kontinente und des Ozeans. Von oben wurden Aufnahmen gemacht, auf denen wir gemeinsam die Weltkugel formten. Es war magisch. Berührend war für mich auch die Begegnung mit Christopher Reeve, der für die Rolle des *Superman* bekannt ist und nach einem Reitunfall im Rollstuhl saß, bis zu seinem Tod. Er war vom Nacken bis zu den Zehenspitzen gelähmt, konnte nicht einmal mehr selbstständig atmen. Obwohl er zu diesem Zeitpunkt bereits die meisten öffentlichen Auftritte ablehnte, war er hergekommen, um uns zu ehren. Das Sprechen fiel ihm sichtlich schwer, und dennoch hielt er eine Rede extra für uns. Er sei sehr stolz auf uns, sagte er, für ihn wären wir die wahren Superhelden.

Nur mal kurz die Welt retten

All die Dinge, die ich aus dieser Zeit mitnehmen konnte, haben meinen Blick verändert. Die Begegnung mit Mickey

Mouse genau wie die mit den Kindern und Jugendlichen, die sich für unseren Planeten einsetzten. Den großen, oft schweren Themen, mit denen sich all diese jungen Leute beschäftigten, an einem Ort Raum zu geben, der für das Gegenteil steht, für Leichtigkeit, für Luxus, für Sorglosigkeit, war für mich nie ein Widerspruch. Im Gegenteil: Besser hätte es nicht passen können. Denn es führte mir vor Augen, dass ich mir nichts verbieten muss, was Spaß macht, und mich trotzdem engagieren kann.

Ohne dass es je ausgesprochen worden wäre, hatte für mich immer festgestanden, dass ich mich für einen Weg im Leben entscheiden muss – und damit gegen einen anderen. Dass ich entweder die Person bin, die gut in der Schule ist, die vielleicht einmal eine Wissenschaftlerin oder Lehrerin sein wird. Oder dass ich im Spotlight stehe, wo es Applaus gibt. Beides zu vereinen schien unmöglich. Als ich anfing, den Kindern Lesen und Schreiben beizubringen, hatte ich erstmalig beide Interessen miteinander verbunden, ohne groß darüber nachzudenken. Es war kein ausgeklügeltes Modell, das ich entwickelt hatte, sondern mein Bauch, der mich leitete. Dass ich jetzt dafür mit einem Preis geehrt wurde, zeigte mir, dass ich mich vielleicht gar nicht würde entscheiden müssen, sondern alles, was mich erfüllte und ausmachte, was meine Leidenschaft weckte, ausgelebt werden durfte. Und dass es genau das war, was mich auszeichnete. Diese Fantasiewelt, in die wir in diesen Tagen eintauchen durften, schien mir genau das sagen zu wollen. Man denkt, es wird nie klappen, und auf einmal ist es da, man kann es sehen und anfassen und fühlen. So viel Energie wurde hier in mir freigesetzt. Magic Kingdom. Genau dort war ich angekommen.

Der Moment, in dem ich vor der gesamten Kommission der UNESCO sprechen durfte, war unbeschreiblich. Märchenhaft. Ich bin so klein und so unsichtbar, komme mitten aus dem Dreck und werde trotzdem gefunden. Ich stehe nun hier, weil ich etwas Herausragendes getan habe. Auch wenn ich nicht mal einen Laptop oder ein Smartphone besitze, wird meine Arbeit gesehen. Die Bücher, mit denen ich gelernt habe, waren kaputt, es fehlten ganze Seiten.

Ich hatte nichts außer den Wunsch, dort, wo ich lebte, etwas zu verändern. Mir wurde klar: Ich brauche keine reichen Eltern, um weit zu kommen. Ich muss mich nicht verkaufen, meinen Wert nicht sexualisieren, um raus in die Welt gehen zu dürfen. Es geht nur darum, eine Lösung für ein echtes Problem zu finden. Alles, was ich dafür brauche, habe ich schon. Das, was ich tue, als eine Art von Kunst und Aktivismus zu betrachten löste in mir ein Gefühl von Selfempowerment aus.

Eine Rede hatte ich nicht vorbereitet, ich sprach einfach freestyle. Bis heute sind meine besten Reden die spontanen. Ich schaue den Menschen in die Augen, nehme genau wahr, was in ihren Köpfen abgeht, und dann lege ich los. Wähle Worte, die die Menschen erreichen. Viele Leute sind heute Spezialisten für irgendetwas und fahren mit perfekt designten Präsentationen auf. Wie eine Instant-Suppe aus dem Supermarkt, für die man nur heißes Wasser braucht und die immer gleich schmeckt. Für mich funktioniert so etwas nicht. Ich weiß, manche der Zuhörer werden sich bemühen, mich *nicht* zu verstehen. Weil meine Narrative unangenehm sind, ihr System sprengen oder es hinterfragen. Andere werden mich als Opfer einstufen, oh, das arme Mädel aus der Favela. Einige werden desinteressiert auf ihrem Handy herumtippen. Mich mit ihnen zu verbinden funktioniert am besten, wenn ich ihre Energie einschätze, dann weiß ich, was ich zu sagen habe. Ich passe meine Sprache den Räumen an, in denen ich mich bewege. Viele davon sind nicht designt für Frauen wie mich. *Noch nicht.* Das kann erst mal durchaus unbequem sein. Aber ich will niemanden erschrecken, sondern neugierig machen. Damit – wenn die nächste Domitila eintritt – es natürlicher und leichter wird, weil das Publikum schon eine positive Erfahrung zu verbuchen hat. Mir gefällt es, auf diese Art und Weise Barrieren zu brechen und Platz zu schaffen für neue Denkansätze.

Damals stand ich zum ersten Mal auf einer solchen Bühne, und man fragte mich, was zu tun sei, damit im neuen Jahrtausend Veränderung in der Welt stattfindet. All diese einflussreichen Leute, die so klug waren, so gebildet, deren Meinung so viel Gewicht hatte, die Großes bewegten, fragten: mich. Und sie hörten mir wirklich zu. Denn sie mochten so viel mehr von der Welt gesehen haben als ich zu diesem Zeitpunkt, aber sie hatten sie noch nie durch die Augen eines Mädchens aus Linha do Tiro betrachtet. Zu hören, wie es sich tatsächlich anfühlt, in dieser Wirklichkeit zu leben, schien für sie extrem spannend zu sein.

Damals benutzte ich noch keine Begriffe wie »soziale Gerechtigkeit«, aber das, was ich ihnen über mein Viertel erzählte und darüber, was ich mir für die Menschen dort wünschte, waren genau die Dinge, für die ich bis heute einstehe. Mein Selbstbewusstsein ist in diesem Moment bis zum Mars und zurück gegangen. Ich habe etwas zu sagen, ich werde gehört, ich habe die Macht, etwas zu verändern. Fast wäre ich vor Stolz geplatzt.

So viele Jahre hatten meine Eltern dafür gekämpft, dass

jemand die Kinder auf den Straßen Brasiliens wahrnimmt und auffängt, anstatt sie zu ermorden. Dass die Menschen verstehen, wie unverzichtbar ihre Arbeit ist. Der Award war deshalb nicht nur für mich, sondern für die Straßenkinder Brasiliens, die ungehörten und unsichtbaren Kinder von Menschen, die versklavt wurden und über Generationen nicht in der Lage waren, die Geschichte mitschreiben zu dürfen. Weil sie die Sprache der Kolonialherrschaft nicht beherrschten, weil ihnen ihre Geschichte und Wahrheit genommen wurden. Für eine ganze Generation, die als Folge der Militärdiktatur in Angst groß geworden war, bedeutete es eine große Sache, auf einmal einen Namen, einen Raum und eine Stimme zu bekommen. Jahrzehntelang hatten meine Eltern keine Sichtbarkeit, man schenkte ihnen kein Gehör. Aber alles, was sie als Vater und Mutter für mich getan hatten, trug dazu bei, dass man *mir* nun zuhörte.

Auf diese Weise wertgeschätzt und anerkannt zu werden, fühlte sich unfassbar toll an. Ich durfte ins Ausland reisen, bekam einen Award, alles aufgrund dessen, dass ich etwas für andere tat. Etwas, das ich nie hinterfragt hätte. Weil ich bei Menschen groß werden durfte, für die es die Normalität ist, anderen zu helfen. Die Kommission hatte mich gezielt ausgesucht, damit ich bei diesem Event dabei sein konnte. Was für ein Moment! Die Konnotation von Armut hat sich für mich dadurch komplett verändert. Nein, ich bin nicht das arme Opfer, das nichts zu sagen hat. Ich bin ein glücklicher, erfolgreicher Mensch, auch wenn ich in diesem Umfeld lebe. Es war mir gelungen, Grenzen einzureißen. Das hat mich extrem motiviert.

Und das war es auch, was uns zweitausend Kinder und

Jugendliche verband. Wir alle waren in dem Selbstverständnis groß geworden, etwas für die Community zu machen. Es hatte etwas Kraftvolles, mit diesen Menschen an einem Ort zu sein. Zu sehen, wie viele es von uns gibt, die überall auf der Erde etwas bewegen wollen. Für ein und dieselbe Sache. Wir *Millennium Dreamers* erzählten uns gegenseitig von unseren Projekten und Themen, lernten voneinander, hörten von Perspektiven, die wir bisher nicht kannten. Als ich all diese Gesichter vor mir sah, all ihre Geschichten in mir aufnahm, begriff ich aber auch, wie viele Menschen aus verschiedenen Teilen der Welt in einer ähnlichen Realität leben wie ich. Wie gewaltig die Probleme sind, denen wir auf der Erde begegnen. Es wäre einfacher, wenn nur in Linha do Tiro Gewalt herrschte. Wenn nur ich meine Freunde verloren hätte. Aber ich lernte, dass auf der ganzen Welt Mädchen vergewaltigt, Kinder ermordet werden, nach denen niemand sucht. Niemand postet darüber, niemand berichtet darüber. Obwohl die Missstände überall zutage treten. In vielen Teilen der Welt werden Homosexuelle bis heute verfolgt. Frauen sexuell missbraucht, als wäre es eine Selbstverständlichkeit. Indigene Völker werden aus ihren Lebensräumen verdrängt.

Die Welt ist größer als »Schusslinie«. Die Welt ist größer als meine Nase. Es geht nicht nur um mich. Nicht nur ich leide unter dem, was wir uns und unserer Erde antun. Und das ist mein Verständnis von Welt und Community.

Wir alle hatten Erfahrungen gemacht, die unser Leben verändert hatten und der Grund dafür waren, dass wir nach Florida kamen. Was hatte *mich* also hierher geführt? Ich war dort, weil ich meine Freundin verloren habe. Weil ich Kinder alphabetisierte – ursprünglich, um meinen Schmerz über den Verlust in etwas Vitales zu verwandeln. Diese Erkenntnis führte mir vor Augen, dass ich noch lauter werden musste. Weil ich für all die Menschen spreche, die Ähnliches erlebt haben. Bis dahin hatte ich alles intuitiv gemacht, organisch. Dort begann ich, kognitiv zu verstehen, dass es um große Themen ging, mit denen ich mich im Kleinen beschäftigte.

Diese Tage in Florida waren lebensentscheidend für mich. Danach dachte ich, die Welt steht mir offen. Ich hätte nicht konkret benennen können, dass ich einmal eine Motivatorin, Speakerin oder Greenfluencerin werden würde. Aber ich nahm wahr, dass die Ehrlichkeit und die Leidenschaft, mit der ich über die Dinge sprach, meine Zuhörer bewegten. Was ich erzählte, entsprach sicher nicht ihren Erwartungen, wie das Leben in Armut zu sein hätte. Mein Blickwinkel war anders, weil ich nicht analytisch von außen darauf blickte, sondern aus dem Herzen berichtete. Es war noch diffus, aber es formte sich in mir ein leiser Gedanke, dass ich etwas mitbrachte, das ich nutzen musste. Ich war wie eine Übersetzerin von Realitäten, jemand, der erklärt, was es hieß, in einer Wirklichkeit wie »Schusslinie« zu leben. Und wenn ich jetzt einen auf bedürftig machte, so wie es erwartet wird, dann würde ich zulassen, dass diese Perspektive nie wirklich gesehen wird. Aber so? Mit dem, was sich daraus entwickelt hatte, war meine Message auf einmal eine ganz andere. Sie lautete: Es ist cool, sich für andere einzusetzen. Ich war so stolz, die Person zu sein, die für diese Botschaft stand. Ich komme aus der Armut, aber ich bin nicht hier, um dich anzubetteln. Sondern, um *dir* etwas beizubringen, das man nur durch Lebenserfahrung lernen kann.

Dieses Gefühl war neu. Denn seit meiner Geburt hat es immer wieder Menschen in meinem Leben gegeben, die mir zu vermitteln versuchten, dass *ich* sie brauche – und es gibt sie bis heute. Freundlich, nett und dankbar. So war ich immer. Auch weil ich sicher war, dass sie recht hatten. Dass ich abhängig von ihnen war, nicht umgekehrt. Ich ordnete mich unter, hielt mich mit meiner Meinung zurück, äußerte keine Wünsche, denn ich wollte nicht undankbar erscheinen.

Mit fünfzehn Jahren war ich noch weit davon entfernt zu begreifen, dass diese Bedürftigkeit nicht einseitig war. Wenn mir jemand Unterstützung anbot, war es nicht nur darum gegangen, etwas anzunehmen, nein, es ging in beide Richtungen. Sie bekamen auch etwas zurück. Noch war mir nicht bewusst, was es genau war. Aber in Florida bekam ich eine Ahnung davon, was ich mit an den Tisch bringe. Erst viel später in meinem Leben sollte mir dieses Bild von mir selbst klar werden, und ich konnte selbstbewusst auf das blicken, was ich erreicht hatte. Was ich den Leuten zu geben imstande war. Bis ich aufhörte, dauernd den Kopf zu senken, zu nicken und jedem gefallen zu wollen, sollte es noch ein langer Weg sein. Aber ich hatte mich zumindest schon mal für eine Richtung entschieden.

Verbindung

Es mag arrogant klingen, aber es stimmt einfach: Ich bin die wahrscheinlich beste Networkerin der Welt. Und das weiß ich seit Florida. Dort begann ich, an dem stabilen Netz zu weben, das mich bis heute trägt und immer fester und stärker wird. Es war ein großartiger Austausch mit faszinierenden jungen Leuten, der extrem bereichernd war. Ich habe so viele andere Menschen kennengelernt, die eine ähnliche Weltwahrnehmung haben wie ich. Auch hier half mir die Art und Weise, wie ich aufgewachsen bin. Denn ich konnte mich auf jeden einstellen, ganz egal, woher er kam und welche Geschichte er mitbrachte. Ich kannte es ja nicht anders. Mir fiel es auch leicht, mir die vielen Namen zu merken, die ich zum Teil noch nie gehört hatte. Alle direkt mit ihrem Vornamen anzusprechen schuf Verbundenheit und gab ihnen das Gefühl von Identität und Wertschätzung. Alles, was sie mir berichteten, nahm ich auf wie ein Schwamm und konnte einfühlsam reagieren, wenn wir uns unterhielten.

Dass diese Eigenschaft eine große Stärke war, hatte ich vorher schlicht nicht gewusst. Diese Freundschaften, die sich damals entwickelten, sind Verbindungen, die ewig halten. Einer der Jungs, die ich dort kennenlernen durfte, ist heute Umweltforscher, der Bäume erschafft, die noch nicht auf der Erde existieren. Ein Indigener namens Jesus hat ein Gesundheitskonzept entwickelt, das seinem Volk das Leben gerettet hat. Ein Mädchen, das HIV-positiv geboren wurde, engagiert sich bis heute im Kampf gegen das Virus. Ein anderer war schon als Kind Diabetiker und ist inzwischen einer der wichtigsten Ärzte in dem Bereich in ganz Südamerika.

Mit fünfzehn ahnte ich nicht, dass ich die Kontakte, die ich dort knüpfte, noch Jahrzehnte später weiter pflegen würde. Das beste Beispiel dafür ist die Frau, die damals als Teil der Kommission mit darüber entschied, wer diesen Award bekommen sollte. Flavia. Bis heute spielt sie eine wichtige Rolle in meinem Leben. Vor zehn Jahren wollte ich einen brasilianischen Dokumentarfilm über Nachhaltigkeit drehen, aber sie sagte, du musst geduldig sein, es ist noch nicht so weit. Dieses Jahr habe ich noch mal mit ihr darüber gesprochen, und sie stellte mir alle Kontakte zur Verfügung, um die Sache auf die Beine zu stellen.

Mir geht es darum, Nachhaltigkeit über nachhaltige Beziehungen zu schaffen. Über Beziehungen, die wachsen und bestehen. Und die Frau, die sich vor vierundzwanzig Jahren entschieden hat, dass ich diese Auszeichnung bekommen sollte, gehört zu denen, auf die ich noch immer zählen kann. Als ich mich verloren und orientierungslos fühlte, war sie die Person, die mir gesagt hat, wie stolz sie auf mich ist. Sie war die Person, die mir geraten hat, abzuwarten und die Füße stillzuhalten oder mehr Gas zu geben, je nachdem, in welcher Lebenssituation ich mich befand.

Natürlich hatte ich meine Eltern, aber ihre Welt war das Universum von CAMM. Flavia hatte jedoch die Welt im Blick. Wenn deine Eltern sich in Blasen von Erfolg und wichtigen Kontakten bewegen, können sie dir sagen, was du tun musst, um in einen bestimmten Bereich einzusteigen. Ich hatte das nicht, aber ich hatte Flavia. Nur ein einziges Mal, damals in Florida, habe ich ihr gegenübergestanden, aber *sie* hat mich mein ganzes Leben begleitet und so viel mehr gemacht als nur ihre Arbeit. Sie hat mir beigebracht, Geld zu verdienen und mich trotzdem für die Menschen zu interessieren. Mehrmals hat sie den Job gewechselt. Ihre heutige Position hat nichts mehr mit den *Millennium Dreamers* zu tun, aber sie ist trotzdem für mich da. Seitdem weiß ich: Es sind nicht die Organisationen, die die Welt verändern, es sind die Menschen. Sie hat mich akzeptiert, wie ich bin, und mir geholfen, die Ziele zu erreichen, die ich erreichen wollte – ganz unabhängig davon, was ihre eigenen gewesen sein mögen.

Neben der Kommission und den jungen Leuten aus aller Welt traf ich in Orlando auch auf viele wohlhabende Menschen, die etwas tun wollten. Besucher des Events, Philanthropen, Sponsoren. Vorher hatte ich oft auf die verspiegelten Wolkenkratzer in der Skyline von Recife geblickt und gedacht, wir verhungern wegen der Reichen. Wir leiden, haben kein fließendes Wasser und keinen Strom, weil alle Reichen böse sind. Hier begriff ich, dass es nicht so einfach war, wie ich es mir vorgestellt hatte. Ich lernte Menschen kennen, die vermögend waren und die Ressourcen und den Willen hatten, globale Projekte zu fördern.

Dadurch wurde mir einerseits klar, wie viel ich auf der Erde verbessern könnte, wenn ich selbst die finanziellen Mittel hätte, um zu investieren. Es gab mir aber auch Hoffnung zu sehen, dass die Bereitschaft da war zu unterstützen. Und es war erleichternd zu erkennen: Ich muss gar nicht gegen eine Gruppe von Menschen sein. Ich muss nicht gegen Kapitalismus sein. Es macht keinen Sinn, meine Energie in Wut und Verzweiflung zu stecken. Nein, ich will Philanthropin sein, jemand, der gerne Gutes für andere tut. Ich möchte meine Ressourcen, egal, ob finanziell, intellektuell oder zeitlich, für soziale Zwecke einsetzen, ohne einen persönlichen Profit zu verfolgen. Ich möchte so vermögend sein, dass ich helfen kann, ohne zweimal nachzudenken. Und ich möchte es mit Leichtigkeit tun. Freunde und Unterstützer will ich finden, keine Feinde suchen.

In den USA, dieser fremden Welt, die ich vor allem mit Egoismus und Verschwendung gleichgesetzt hatte, traf ich nun auf Menschen, die helfen wollten. Und begriff: Auch dort, wo es großen Wohlstand gibt, sind nicht alle gebildet, nicht alle wissen überhaupt von unserer Existenz. Nicht jeder ist damit aufgewachsen, sich zu engagieren. Das war wichtig für mich zu verstehen. Und das konnte ich nur, weil ich in die Welt hinausgehen durfte, um Menschen zu begegnen, mit ihnen zu sprechen und ihre Perspektiven kennenzulernen. Zwischen Symposien und Vorträgen, zwischen Achterbahnfahrten und Waffeln mit Mickey-Mouse-Ohren habe ich begriffen, dass es wenig bringt, jenen etwas zu erzählen, die schon alles wissen. An Orten wie diesen, an denen ganz normale Leute zusammenkamen, die in erster Linie wegen Goofy und Donald Duck hier waren, konnte man etwas erreichen. Bei Menschen, die sich vielleicht bisher wenig Gedanken darüber gemacht haben, wie es anderen auf der Erde geht.

Darum ist es mir bis heute wichtig, gerade ihnen davon zu erzählen. Authentisch und unmittelbar. Denn ich habe gesehen, was mit dem Elektroschrott aus Europa und den USA geschieht. Wo dieser landet, sobald keine Nachfrage mehr besteht. Er wird nach Brasilien und andere Länder des globalen Südens verschifft, gelangt in die Armenviertel, wo die Menschen dann versuchen, die Einzelteile zu verkaufen. Und sich von den Essensresten ernähren, die sie in den Müllbergen finden. Sie tun es, um zu überleben, bringen aber sich selbst in Gefahr, da sie diesen Giftmüll berühren und die schädlichen Stoffe einatmen, die er absondert.

Ich weiß, wie es aussieht, wenn Mutter Natur verschmutzt wird, nicht aus Faulheit oder Ignoranz, sondern weil es keine Wahl gibt. Das waren Dinge, von denen ich seit meiner Kindheit umgeben war. Doch als ich den Award von der UNESCO bekommen hatte, begann ich zu erkennen, wie alles zusammenhing. Dort erfuhr ich, wie unsere Umwelt darunter leidet, dass unser Weltwirtschaftssystem linear aufgebaut und nach Westen gerichtet ist, dass wir heutzutage immer noch postkoloniale Strukturen erkennen und spüren. Wenn Produkte hergestellt, konsumiert und nach Gebrauch weggeworfen werden, anstatt sie einem Kreislauf zuzuführen, zerstört das den Planeten und uns Menschen. Auf viele Arten – sei es physisch oder psychisch. Es gibt keinen anderen Ausweg aus

Armut, Vergiftung, Vermüllung, Ungerechtigkeit und Zerstörung als Nachhaltigkeit.

Zuvor hatte ich das Thema mit Umweltschutz gleichgesetzt, mit der Rettung von Wäldern, Tieren und den Meeren. Nun lernte ich, dass es die Menschen genauso betrifft, die Art, wie wir zusammenleben und miteinander umgehen. Für mich ist es seither vor allem ein soziales Thema. Nachhaltiges Wirtschaften kann nur wirklich nachhaltig sein, wenn wir die Menschen, die tagtäglich in diesem System arbeiten, auch menschlich behandeln. So bin ich vom Drei-Säulen-Ansatz der Vereinten Nationen überzeugt, der Umwelt, Soziales und Wirtschaft miteinander vereint. Ein System, das Menschen verachtet und sie an ihre Leistungsgrenzen und darüber hinaus bis zum Burn-out treibt, ist nicht nachhaltig. Umweltschutz, der auf Kosten von Menschen geht, ist nicht nachhaltig. Selbst das innovativste Projekt zum Schutz des Klimas kann niemals wirklich nachhaltig sein, wenn wir nicht anfangen, die Menschen gut zu behandeln.

Und das geht nur mit Empathie. Für mich ist ganz klar, dass unsere Gesellschaft dringend mehr davon braucht. In seinem wundervollen Buch *Jetzt – Die Kraft der Gegenwart* schreibt Eckhart Tolle: »Wie ist es möglich, dass Menschen mehr als einhundert Millionen ihrer Mitmenschen allein im zwanzigsten Jahrhundert getötet haben? Dass Menschen sich gegenseitig in einem solchen Ausmaß Schmerz zufügen können, ist jenseits von allem, was man sich vorstellen kann. Und das berücksichtigt noch nicht die mentale, emotionale und körperliche Gewalt, die Folter, den Schmerz und die Grausamkeit, die sie sich gegenseitig zufügen, ständig, alltäglich, sich und anderen fühlenden Wesen.«[11]

Ich würde seine Frage so beantworten: Es ist möglich, weil

wir nicht miteinander sprechen, weil wir keine anderen Perspektiven akzeptieren als unsere eigenen. Wenn wir einander so annehmen, wie wir sind, und anstelle von Zweifeln, Unverständnis und Misstrauen dem anderen Empathie, Offenheit und Toleranz entgegenbringen würden, wäre die Welt ein besserer Ort. Viele Konflikte entstehen bloß aus Unwissenheit, aus Kurzsichtigkeit, und diese resultieren wiederum aus fehlender Kommunikation, Toleranz und Empathie. Sich die Zeit zu nehmen, sein Gegenüber kennenzulernen, zu verstehen und zu sehen, ist wohl die stärkste Waffe gegen jede Form des menschlichen Konflikts. Das habe ich verstanden, als ich in Florida Menschen aus völlig verschiedenen sozialen Schichten gegenübersaß.

Wir werden niemals in den Schuhen einer anderen Person laufen, wieso glauben wir zu wissen, was er oder sie zu tun oder zu lassen hat? Mir war es immer wichtig, empathisch zu sein und andere zu respektieren. Wäre ich nicht gezwungen gewesen, diese Fähigkeit schon als kleines Kind zu erlernen, ich hätte es schwer gehabt, in einer so großen Gemeinschaft zu leben. Es ist die Basis dafür, dass ein Projekt wie das meiner Eltern überhaupt bestehen kann. Im Grunde für jedes Zusammenleben.

Natürlich hatte ich nie in einem globalen Kontext darauf geblickt, wenn es früher Streit mit anderen Kindern gab. Aber es war im Grunde nichts anderes als bei den großen Konflikten, die in der Welt ausgetragen werden. Wenn eines der Kinder aggressiv war, half es mir zu wissen, was dieses Kind erlebt hatte und warum es so reagierte. Dann konnte ich darauf antworten. Nicht immer, aber in vielen Situationen hat mir die Fähigkeit, sich in andere hineinversetzen zu können, geholfen, nicht genauso aggressiv zu reagieren. Doch bald sollte ich erfahren, dass Gefühle manchmal größer waren als das Verständnis dafür, in welcher Situation der andere gerade steckt.

Zurück vom Mars

Voller Eindrücke, neuer Denkanstöße und erfüllt von den Begegnungen und Erlebnissen kehrte ich nach Linha do Tiro zurück. Ich war euphorisch, wollte meine Begeisterung mit allen teilen, um sie dadurch noch größer werden zu lassen. So glücklich war ich, dass jemand die Wichtigkeit meiner Arbeit erkannt hatte und sie belohnt worden war. So viele Augen waren in den vergangenen Tagen auf die Probleme in den brasilianischen Favelas gerichtet worden. Auch durch mich. Menschen, die an den Hebeln saßen, um Entscheidungen zu treffen, hatten gehört, was uns bewegt. Ich kam in dem Gefühl nach Hause, etwas Wundervolles erlebt, aber gleichzeitig etwas für uns alle getan zu haben, was unsere Situation vielleicht eines Tages verbessern würde.

Doch auf die Freude folgte erst mal Ernüchterung. Die Kinder waren eben Kinder. Und dachten in dem Moment nicht daran, die Welt zu verbessern, sie hatten Disney im Kopf, all die Dinge, die sie vielleicht nie erleben würden. Nachdem ich den Award bekommen hatte, verstärkte sich nämlich ihre Eifersucht auf mich extrem.

Auch wenn es mein Wunsch gewesen war, meine Freude mit ihnen zu teilen, spürte ich, dass man eben nicht alles im Leben teilen kann. Bis dahin waren wir unter unseresgleichen gewesen, wir hatten ähnliche Erfahrungen im Leben gemacht. Aber nachdem ich in die USA geflogen und zu Disney gefahren war, waren wir nicht mehr gleich.

Bildete ich mir auf einmal ein, über ihnen zu stehen? Vielleicht war es vermessen gewesen zu denken, alle würden jetzt stolz auf mich sein. Viele waren plötzlich eklig zu mir, weil sie mich um diesen Status beneideten. Nur meine Cousine, die damals meine beste Freundin war, und mein Bruder Carlos haben sich mitgefreut. Für etwas Besseres hielt ich mich selbst natürlich nicht, aber sie sahen mich auf einmal anders. Da war Eifersucht, da war Hinterfragen. Warum Domitila? Weil sie in eine Schule geht, die außerhalb der Favela liegt? Weil sie die Tochter von Roberta und Ademilson ist? Das war das erste Mal, dass ich mich für mein eigenes Wohl entscheiden musste, für mein eigenes Glück. Das zu lernen war schmerzhaft. Denn ich gehörte nicht mehr bedingungslos dazu.

Aber hätte ich den Award nicht bekommen, würde ich wohl heute immer noch in der Favela leben. Auf der einen Seite war er eine Tür in die Welt, aber hindurchzugehen bedeutete auch, etwas dahinter zurückzulassen.

Diese Zeit hat mich viel Kraft gekostet, in der ich lernen musste, Resilienz zu entwickeln, um der Ablehnung zu begegnen. Und selbstbewusst sagen zu können: »Ich finde es trotzdem toll und freue mich darüber – auch wenn ihr mir diese Auszeichnung nicht gönnt.« Ich bekomme einen Award und sollte die glücklichste Person der Welt sein, aber stattdessen leide ich und habe ein schlechtes Gewissen? Nein. Das kam nicht infrage. Es war wichtig, dieses ehrliche Gespräch mit sich selbst zu führen.

Erst als ich anfing zu studieren, änderte sich die Beziehung zu den Kindern. Denn ab diesem Punkt war ich nicht mehr ihre Spielkameradin, sondern arbeitete als Erzieherin im Projekt.

So oft habe ich mich gefragt: Warum ich? Ich bin nicht die Intelligenteste aus der Favela, aus der ich komme. Es gibt tausend andere, die den Preis genauso oder sogar mehr verdienen als ich. Aber es gibt eben Sachen, für die du dich entscheidest, und es gibt Dinge, die werden für dich entschieden. Spiritualität spielte auch hier für mich eine zentrale Rolle. Schon damals glaubte ich an die Kraft des Universums. Ich war die Tochter zweier Menschen, die ihre ganze Existenz darauf aufgebaut hatten, an etwas zu glauben. Und auch ich hatte diesen Glauben, dieses Vertrauen darauf, dass – sobald man das für sich selbst Richtige tut – das Universum es uns doppelt und dreifach zurückgibt.

Also, worauf wartest *du*? Dass andere sagen, du bist genug? Du kannst die Veränderung sein, die du in der Welt sehen willst! Es braucht zunächst dein Vertrauen und deine Entscheidung, aber eben auch harte Arbeit. Wir müssen lernen, für uns allein zu stehen und für die Sachen einzustehen, die uns wichtig sind. Das funktioniert am allerbesten, wenn man darauf vertraut, dass uns das Universum unterstützt, damit wir das tun, wozu wir bestimmt sind. Und oftmals kommt der Stein so richtig ins Rollen, sobald man sich für etwas entschieden hat und loslegt. Diesen rollenden Stein sehe ich als Bestätigung, dass wir auf dem richtigen Weg sind.

Kapitel 5

Wo Wut ist,
da sind auch Energie
und Vitalität

Es wäre leichter gewesen, mich mit der Welt, in die ich hineingeboren wurde, zu arrangieren, wenn ich nie eine andere kennengelernt hätte. Aber schon immer war da der Blick auf
andere Realitäten. Bereits als kleines Mädchen traten wie
gesagt Menschen mit den unterschiedlichsten Hintergrün-
den und aus verschiedenen sozialen Klassen in mein Leben.
Filmemacher aus Europa, die Dokus über uns drehten, Studierende aus aller Welt, Kirchenleute. Ich frühstückte mit
dem Bürgermeister, aß mit den Straßenkindern zu Mittag,
und am Abend saß der Bischof mit uns am Tisch. In der
Schule und an der Uni hatte ich oft mit Menschen zu tun, die
noch nie einen Fuß in eine Favela gesetzt hatten. Und immer
mehr verschmolzen diese Welten miteinander.

Nach der Reise nach Florida hatte ich angefangen, mich noch
mehr bei CAMM zu engagieren, aber auch in anderen sozialen Initiativen in meinem Bezirk. Es ging nun weniger um
Alphabetisierung, sondern mehr um globale Themen, die ich
den älteren Jugendlichen näherbringen wollte. Mit siebzehn
dann das Abitur und der Beginn meines Bachelor-Studiums

der Sozialpädagogik in Recife. An der Uni machte ich bei Projekten mit, die Jugendarbeit leisteten.

Ein unvergesslicher Moment war für mich, als ich am Tag der Sozialarbeit eine Kunstgruppe von CAMM einladen durfte, um draußen vorm Gebäude etwas vorzuführen. So konnten die anderen Studierenden nicht nur unsere Arbeit kennenlernen, sondern auch Vorurteile gegenüber Menschen aus der Favela abbauen. Für mich ging damit ein Traum in Erfüllung. Dass die Kinder an so einem Ort sein durften, an dem ihre Eltern sonst vielleicht putzen gingen oder die Glühbirnen auswechselten, hat mich glücklich gemacht. Denn sie waren nicht dort, um Almosen zu bekommen, sondern wegen einer Aufführung, um sie selbstbewusst darzubieten. Und es war ihnen anzusehen, dass sie gar nicht wussten, wohin mit all diesem Stolz.

Frühmorgens und abends fanden die Vorlesungen statt, tagsüber arbeitete ich mit den Kindern und Teenagern. Vernünftig, fleißig und brav war ich, man konnte sich auf mich verlassen. Ich übernahm Verantwortung. Für mich als abenteuerlustiger Mensch gab es keinen Raum. Ich wusste, ich musste ein Vorbild für die Kinder von CAMM sein. Eine Phase, in der ich rebelliert hätte, gab es daher nicht.

Denn es macht keinen Spaß, Grenzen auszutesten, wenn man dabei mit seinem Leben spielt. Nie hätte ich in einen Bus einsteigen können, einfach nur, um zu gucken, wo er ankommt. Spontaneität war viel zu gefährlich. Es konnte dramatisch enden, wenn man unbedacht war, sich im Moment verlor, einmal nicht nachdachte. Mich zu betrinken wäre mir auch nie in den Sinn gekommen. Weil ich gesehen hatte, wie viele Familien durch Alkohol kaputtgehen. Aber das ist nicht der einzige Grund: In einem zutiefst patriarchalischen Land wie Brasilien ist es für mich undenkbar, sich als Frau zu betrinken. Wird die Situation ausgenutzt und die Frau vergewaltigt, ist ganz klar, wer die Schuld trägt. Es ist immer die Frau, die die Tat angeblich provoziert hat. Manchmal durch einen zu kurzen Rock, manchmal schlicht durch ihre Anwesenheit. So absurd und furchtbar es auch klingt: Eine betrunkene Frau käme für viele fast einer Einladung gleich, übergriffig zu werden.

Meinen ersten festen Freund hatte ich erst mit neunzehn, denn der Kontakt zu Jungs war angstbesetzt. Vor allem fürchtete ich mich davor, schwanger zu werden. Ich kann mich nicht erinnern, dass mich jemand explizit aufgeklärt hätte. Aber ich wusste, wenn der Bauch der Mädchen plötzlich runder wurde, hatte es etwas mit den Jungs zu tun. Wann und wie man schwanger wird, war nicht klar, nur, dass Jungs im Spiel waren. Und ich wusste auch, dass die Mädchen dann sitzen gelassen werden.

Als ich fünfzehn war, wurden plötzlich einige meiner Freundinnen schwanger. Manche konnten mir nicht einmal sagen, wie das passiert war. Wer der Vater war, vermochte keine von ihnen zu beantworten. Heute weiß ich, dass sie es durchaus wussten, aber sie gingen ganz automatisch davon aus, dass der Vater sowieso keine Verantwortung übernehmen würde. Darum behielten sie den Namen für sich – aus Angst, es könnte zum Streit zwischen den beteiligten Familien kommen. Denn in Brasilien wurde zu der Zeit noch erwartet, dass die Frau Jungfrau ist, wenn sie heiratet. Inzwischen hat sich die Gesellschaft ein bisschen verändert, aber in den streng katholischen Familien ist es noch immer so.

Darum war das Ganze eher abschreckend und hatte für

mich lange keine große Priorität. Fragen habe ich erst gestellt, als sich bei den ersten meiner Freundinnen der Bauch unter dem T-Shirt langsam zu wölben begann. Als ich mich für das Thema zu interessieren begann und mehr wissen wollte, haben meine Eltern mich auch über HIV und Aids aufgeklärt – jedoch über das Thema »Verlust«. Ein homosexueller Familienfreund, der hin und wieder auf mich aufgepasst hatte, als ich klein war, war daran gestorben. So wie ich es von Mama und Papa kannte, sprachen sie ganz ehrlich mit mir darüber. Als erwachsene Frau weiß ich es zu schätzen, dass sie mir keine Märchen von einer heilen Welt auftischten. Es mag manchmal hart gewesen sein. Doch es bedeutet auch, dass sie mich als Mensch ernst nahmen.

No Risk, More Fun

All diese Erfahrungen aus meiner Teenagerzeit ließen mich verinnerlichen: Es war wichtig, immer die Kontrolle über die Situation zu behalten. So hatte es auch mein Vater mir vorgelebt. Papa war streng. Es war ihm wichtig, alle meine Freunde zu kennen. Nur zu bestimmten Uhrzeiten durfte ich mit bestimmten Menschen losziehen. Wenn mein Bruder dabei war oder eine andere Person, der er vertraute. Er war vorsichtig, denn er kannte die Gefahr, der ich draußen ausgesetzt war. Loslassen war viel schwieriger für ihn als für meine Mutter. Wenn es etwas zu feiern gab, nahm er lieber das Chaos und den Stress in Kauf und ließ die Party bei uns zu Hause stattfinden, anstatt mich aus den Augen zu lassen.

Als ich älter wurde, durfte ich auch mal abends mit Freunden am Strand ein Lagerfeuer machen. Dort haben wir mit süßen Jungs Gitarre gespielt und uns zusammen den Sonnenuntergang angesehen. Aber sich im Moment zu verlieren und die Zeit zu vergessen, daran war nicht zu denken. Sobald die Sonne im Meer versunken war und die Glut zu erlöschen drohte, haben wir uns beeilt, schnell nach Hause zu kommen.

Mit meiner Cousine verbrachte ich damals viel Zeit, wir waren unzertrennlich. Weil ihr Papa Beamter war und zu einer anderen Einkommensschicht zählte, lebte sie in Florianópolis, einer schönen und reichen Gegend. Als ich schon ein Teenager war, ist sie mit der Familie nach Janga umgezogen, unweit von Recife, direkt am Meer. So waren wir uns geografisch näher und konnten uns an den Wochenenden fast immer treffen und einfach unbeschwert sein. Sie hatte ihr eigenes Zimmer, ging auf eine Privatschule. Ihre Familie hatte genug Geld, sodass sie nicht arbeiten musste, um das Schulgeld zusammenzubekommen.

Diesen leichten und unbeschwerten Lifestyle brachte sie auch in mein Leben. Wir gingen viel auf Partys. Aber auch in diesem wohlhabenden Viertel war es wichtig, sich in einem sicheren Raum zu bewegen. In einen Klub zu gehen war auch hier für junge Frauen zu gefährlich. Deshalb machten wir Barbecues bei den Eltern oder mal eine Pool-Party in ihrer Schule oder einem Sportklub. Sie nahm mich sogar mit auf eine Halloween-Feier – etwas, das ich vorher nicht gekannt hatte.

Wieder spürte ich, wie natürlich ich mich überall bewegen konnte, wie befruchtend diese verschiedenen Realitäten waren. Aber auch, wie unverständlich es war, dass sie nebeneinander existieren konnten. Je mehr du dich mit etwas umgibst, desto schwieriger ist es zu akzeptieren, dass du das nicht haben darfst in deinem Leben. Die Ungleichheit war wieder ein Thema. Es waren zwei verschiedene Leben, das hat mich begleitet und gefordert. Es ging immer darum. Um soziale Ungleichheit, die Wurzel so vieler globaler Probleme.

Die Welt um mich herum schien allmählich größer zu werden. Und ich bekam immer wieder die Chance, mehr davon zu entdecken. Auch weil wir die große, weite Welt zu uns einluden, taten sich neue Türen auf. Englisch lernen zu können war mein großer Wunsch, weil ich mit fremden Menschen sprechen und Großes erreichen wollte. Während des Studiums in Recife hatte ich die große Chance, für drei Monate nach London zu gehen. Denn der Vater eines Mädchens aus den Niederlanden, das bei uns ein Praktikum gemacht hatte und sich bis heute für das Projekt engagiert, besorgte für mich eine Stelle als Au-pair. Wie viel Glück konnte man haben? Durch die Zeit in dieser riesigen und extrem spannenden Stadt konnte ich meine Berührungsängste mit der Sprache abbauen, aber auch erleben, wie viele Facetten Europa hat.

Doch es war in Deutschland, wo ich zum ersten Mal die Freiheit gespürt hatte: als ich auf dem geliehenen Fahrrad meiner Gastschwester saß und meine einzige Sorge war, dass ich hinfallen und mir die Knie aufschlagen könnte. Damals hatte ich mir ausgemalt, wie es wäre, bis sechs Uhr morgens unterwegs zu sein und mit Freunden zu Reggae zu tanzen. Einfach mal irgendwo draußen zu schlafen, unterm Sternenhimmel. Wenn du Teenager bist, willst du dich ausprobieren und Risiken eingehen, das hat mir gefehlt. Deutschland verband ich von nun an mit diesem Gefühl, dass mir der Fahrtwind die Haare aus dem Gesicht bläst. Und dass ich mich irgendwann so sicher fühlte, dass ich aufhörte, mich umzudrehen – aus Angst, überfallen zu werden.

Freiheit. Sicherheit. Bildung.

Wenn es einen Weg gab, wollte ich mein Studium in Deutschland fortsetzen! Und ich tat alles dafür, um eines Tages dorthin zurückzukehren. Wann immer ich Zeit hatte, saß ich über meinen alten Büchern mit den verschlissenen Seiten, um Deutsch zu lernen.

Tatsächlich sollte ich vier Jahre nach meinem ersten Besuch erneut die Chance bekommen, nach Berlin zu reisen. Die Gastfamilie, die mich schon während meiner Schulzeit aufgenommen hatte, öffnete wieder ihr Haus für mich, und ich durfte während meines Bachelor-Studiums, inzwischen siebzehn Jahre alt, einen Monat bei ihnen verbringen. Um Vorlesungen an der Uni zu besuchen und um mir ein Bild vom Studierendenleben zu machen.

Es sollten noch über drei Jahre vergehen, bis sich mein Traum erfüllen würde, aber ich konnte zum ersten Mal wirklich an seine Erfüllung glauben. Mit einundzwanzig bekam ich dann nicht nur den Studienplatz, sondern auch ein Stipendium für begabte ausländische Studierende, die in Deutschland studieren wollten, aber denen die finanziellen Mittel fehlten. Das übertraf alles, was ich mir je an goldenen Zukunftsszenarien ausgemalt hatte. Es war nicht weniger als ein Wunder. Und das sichere Zeichen dafür, dass ich mich auf das Universum verlassen konnte.

Wenn mir das Leben solche Möglichkeiten schenkte, was hielt es noch für großartige Dinge für mich bereit?

Ankommen

Eigentlich hätte ich den ganzen Tag nur noch tanzen wollen, aber nach meinem ersten Besuch im Studierendenbüro der

Freien Universität Berlin dachte ich nur: Was habe ich bloß getan?

Die Bürokratie überrollte mich wie eine Lawine. Ich wollte mich einfach nur anmelden, aber jedes Mal fehlte etwas, irgendein Formular, irgendein Nachweis. Ich war noch kaum der Sprache mächtig und komplett damit beschäftigt, in diesem neuen Land anzukommen.

So war ich nach der ersten Euphorie ziemlich verzweifelt. Parallel bemühte ich mich darum, ein WG-Zimmer zu finden, denn mit der Gastfamilie war ausgemacht, dass ich mir etwas Eigenes suchen und nach drei Monaten ausziehen würde. Was ich schließlich fand, war alles andere als ein Glücksgriff. Ein dunkles Zimmer im Wedding, nur wenige Quadratmeter groß. So beengt hatte ich selbst in CAMM nicht gelebt.

In Brasilien bleiben wir zu Hause wohnen, bis wir heiraten. Nun zog ich in eine Siebener-WG mit nur einer weiteren Frau, sonst alles Jungs. Ich war hergekommen, um keine Angst mehr zu haben. Doch das Gefühl ließ sich nicht so leicht abschütteln, ich hatte es in meinem Koffer mitgebracht. Allein mit so vielen Männern. Das war bedrohlich. Eine sehr fremde Erfahrung.

Die Realität, aus der ich kam, war die einer Community. Nun war die Nabelschnur durchtrennt. Auf der einen Seite war es cool. Freedom! Ich darf machen, was ich will. Auf der anderen dachte ich: Okay, wenn jetzt etwas passiert, ist Brasilien sehr weit weg.

Und die Art von Gemeinschaft hatte eben nichts mit der zu tun, die mir bis dahin vertraut war. In der WG teilte man sich zwar den Platz, war aber nicht wirklich zusammen. Jeder hatte sein eigenes Fach im Kühlschrank. Wenn meine Mitbewohner länger verreist waren, verdarben ihre Lebensmittel, die dann weggeschmissen werden mussten. Das mitanzusehen war für mich kaum auszuhalten.

In einer WG zu leben war auch wegen anderer Dinge schwierig. Anfangs habe ich dauernd geputzt, ich wollte den anderen gefallen, damit sie mich sehen und gern mit mir zusammenleben. Und wenn dann jemand nach Hause kam, wartete ich mit einem Lächeln, um mich ein bisschen zu unterhalten. Bis ich merkte, dass nicht alle sagten: »Oh, wie lieb von dir!«, sondern mich als Putzfrau abstempelten. Eine bittere Erkenntnis.

In der nächsten WG machte ich es besser. Dafür lernte ich andere Dinge kennen, auf die ich gern verzichtet hätte. Kreuzberg, Kottbusser Tor. Nur zwei Mitbewohner, weniger Leute, aber noch mehr Probleme. Wie sich bald herausstellte, war einer meiner Mitbewohner kokainabhängig. Trotzdem hatte er an den Wochenenden oft seinen kleinen Sohn bei sich. Ich hatte das Gefühl, das Kind schützen zu müssen. Das war schlimm. Verrückt und extrem unangenehm, in so einem Kontext zu leben. Beide Mitbewohner waren oft auf Elektro-Partys und haben sich dort alles Mögliche reingefahren. Seitdem hasse ich Elektromusik. Doch ich war mittendrin, durfte nicht einmal äußern, dass ich das alles nicht cool fand.

Wie so oft in meinem Leben fand ich mich in einer lähmenden Situation wieder. Weil ich abhängig von diesen Leuten war, musste ich dankbar sein und den Mund halten. Wo sollte ich hin, wenn sie mich rauskickten?

Am Ende konnte ich nicht anders, als mich einzumischen – und flog raus. Achtmal bin ich innerhalb von Berlin umgezogen, meistens mit der U-Bahn. Mein Besitz wuchs zwar nicht, aber dafür mein Freundeskreis. So kannte ich bald genug hilfsbereite Menschen, die mit mir meinen Schreibtisch und meine Matratze mit den Öffentlichen transportierten, wenn es Zeit war weiterzuziehen.

Auch wenn meine WG-Erfahrungen eher negativ waren, gab es etwas, das sie aufwiegen konnten. Ich war überglücklich, wenn ich in der Uni war, ich war überglücklich, wenn ich in der Bibliothek saß. Ich weiß gar nicht, ob den anderen Studierenden bewusst war, was für ein super Space das ist.

In der kuppelartigen offenen Bibliothek der Freien Universität Berlin kam ich mir vor wie in einem futuristischen Raumschiff. Sie besteht aus verschiedenen Ebenen, die wellenförmige Brüstung bildet die Arbeitsfläche. Wie ein geschwungenes Schreibtisch-Band. Wenn ich dort saß, die Stahlregale voller Bücher im Rücken, vor mir der freie Blick ins Atrium, war mein Selbstbewusstsein ganz oben. Es war einfach zu krass. Meine Ururgroßmutter war Sklavin, viele Jahre durften Menschen wie sie solche Orte nicht einmal betreten. Menschen sind dafür gestorben, damit ich am Leben bin und studieren darf. Dort zu sitzen, zu lesen, zu recherchieren und zu schreiben fühlte sich an wie ein Triumph.

Es führte mir aber auch noch mal vor Augen, wie arm ich eigentlich war. Du guckst links und guckst rechts und verstehst sehr schnell: Die anderen haben entweder Eltern, die sie unterstützen, oder bekommen BAföG. Die Bedingungen, hier erfolgreich zu studieren, waren nicht für alle die gleichen. Überall, wo ich war, wurde mir vermittelt: Wir sind in Deutschland, wir haben alle dieselben Grundvoraussetzungen. Aber so war es nicht. Abgesehen von meinem Stipendium, hatte ich sie nicht. Ich konnte die Sprache kaum, sollte aber in drei Monaten die Deutsch-Prüfung bestehen, sonst musste ich zurück. Dabei hatte ich anfangs noch nicht mal einen Computer – bis mir meine deutsche Gastfamilie irgendwann meinen allerersten Laptop schenkte.

Wie sollte ich dieselbe Leistung erbringen wie andere Studierende? Das war ein Druck, den ich schon aus Brasilien kannte. Aber hier war es noch schwerer, ihm standzuhalten, denn ich hatte nicht meine Community um mich, sondern war allein.

Sechshundert Euro standen mir im Monat zur Verfügung. Zu Beginn dachte ich, mir läge damit die Welt zu Füßen. Um zu begreifen, dass es nicht so war, brauchte es nicht lange. Es reichte nicht, um eine Wohnung, die Krankenversicherung und Lebensmittel zu bezahlen. Aber ich war kreativ. Über den Kameramann, der früher bei der Dokumentation über CAMM mit dabei gewesen war, bekam ich einen Job als Babysitterin. Eine Freundin aus der Uni vermittelte mich außerdem als Komparsin bei Filmdrehs.

Es war mir wichtig, mein eigenes Geld zu verdienen. Nicht nur für meinen Lebensunterhalt, sondern auch, um regelmäßig meine Eltern in Brasilien besuchen und mich vor Ort weiter für CAMM engagieren zu können. Ich wollte auch immer wieder dort sein, um mit meinen eigenen Händen das Projekt mitzugestalten. Ich musste die ungestümen Umarmungen der Kinder spüren, wenn sie sich bei meiner Ankunft fest an mich drückten. Und das kleine Glück, wenn es wieder einmal gelungen war, am Abend für jedes der Kinder eine Schüssel mit dampfendem Essen auf den Tisch zu stellen.

Es war das perfekte Arbeitsmodell: Die Kinder, auf die ich in Berlin aufpasste, haben mir Deutsch beigebracht, ich konnte meiner größten Leidenschaft, der Schauspielerei, nachgehen und hatte noch dazu ein Stück finanzielle Unabhängigkeit.

Eines Tages suchten sie bei der Serie *Gute Zeiten, schlechte Zeiten* jemanden mit einem ausländischen Akzent für eine Nebenrolle. Tatsächlich setzte ich mich beim Casting durch, bekam die Rolle und durfte dort zwei Jahre lang mitspielen. Sosehr freute ich mich, dass mein Lächeln tagelang nicht aus meinem Gesicht wich.

Ich boxte mich durch, aber es blieb ein mühsames Ankommen. Oft fühlte ich mich nicht wirklich zugehörig. »Ich bewundere dich. Es muss total schwer sein, Deutsch von Grund auf zu lernen.« Ein Satz, den ich oft hörte. Der nett sein sollte, aber keine guten Gefühle in mir auslöste. Weil ich dachte: Zu überleben ist bei mir zu Hause viel schwieriger, als hier unter so großartigen Bedingungen Deutsch zu lernen. Wenn ich weiß, dass in meiner Heimat jedes Wochenende zwanzig Frauen durch Femizid ermordet werden, relativiert sich das schnell. Was ist schon Deutschlernen dagegen? Hierbei besteht keine Lebensgefahr!

Durch solche Kommentare fühlte ich mich oft nicht gesehen, nicht verstanden, durch die Unwissenheit meiner Kommilitonen gekränkt. Weil sie bestätigten, was ich im Grunde längst wusste: Die Welt nimmt uns nicht wahr, die Leute haben keine Idee davon, was in meiner Heimat abgeht. Sie wissen nicht, dass in Brasilien mehr Gewalt herrscht als in vielen Krisengebieten. Das Einzige, womit sie dieses Land in Verbindung bringen, ist Samba, schöne Strände, nackte Frauen und Karneval. Mehr nicht.

Was machst du hier?

Überall, wo ich auftauchte, dieselbe Frage: »Woher kommst du?« Bei einer Frau mit dunklerer Haut gehen die Leute natürlich nicht davon aus, dass sie aus Deutschland kommt, sondern irgendeinem Flüchtlingsboot entstiegen sein muss. Sie wollten mich einordnen, wissen, mit wem sie es zu tun hatten. Meine Oma väterlicherseits hat immer gesagt, ich sei weiß. Aber in Deutschland war ich ganz klar schwarz. All diese Themen waren um mich herum gewesen, aber hatten mich nie wirklich beeinflusst. Weil es in meinem vorherigen Leben nie Platz dafür gab, mich damit zu beschäftigen, was die Menschen über mich denken.

Jetzt änderte sich das. In diesem Umfeld spürte ich plötzlich, wie sie mich wahrnahmen. Und dass sie mich als *anders* wahrnahmen. Die Frage »Woher kommst du?« kann Ausdruck menschlicher Neugier sein, von Offenheit und Interesse. Aber je nachdem, wie man sie stellt, kann sie auch als taktlos und geringschätzig empfunden werden. Besonders, wenn danach noch kommt: »Ah cool – und was machst du hier?« Diese Frage empfand ich als sehr deutsch. Bevor man nach dem Namen fragt, will man erst mal wissen: Was gibt dir das Recht, hier zu sein? Sie hat mich jedes Mal getriggert. Wenn ich ehrlich zu mir selbst war, dann auch, weil ich sie mir oft selbst gestellt habe – wenn auch mit einem anderen Hintergrund: Was machst du hier, Domitila – während du doch deine Eltern unterstützen solltest? Während zu Hause Kinder hungern?

Ja, was machte ich hier? Mir den Luxus erlauben, Zugang zu Bildung zu haben? Wie egoistisch muss man sein!

Das waren die Gedanken, die mich quälten, wenn ich diese

Frage hörte. Dadurch fühlte ich mich herausgefordert. Wie sollte ich das alles rechtfertigen, vor anderen und vor allem vor mir selbst? Vielleicht war das der Grund, warum ich anfing, noch bevor ich richtig gut Deutsch sprechen konnte, Vorträge über CAMM zu halten. Damit ich antworten konnte: »Was ich hier mache, ist, mich für das Projekt meiner Eltern zu engagieren, um seine Finanzierung zu sichern.« Ich war entschlossen, von Deutschland aus meinen Beitrag zu leisten, meine Leute sollten ebenso wie ich von der Chance profitieren, die ich bekommen hatte.

Nun hatte ich meine Antwort. Auch wenn sie für meine Kommilitonen vielleicht unerwartet kam.

Vieles war extrem irritierend für mich. Meine Vorstellung von Fortschritt war einer der Gründe, warum ich mich für Deutschland entschieden hatte. Es ist eines der fortschrittlichsten Länder der Welt, während Brasilien zu den Schwellenländern gehört. Doch je länger ich hier lebte, desto mehr begann ich, diese Konstrukte zu hinterfragen. Ist es wirklich Fortschritt, wenn einige wenige unsere Ressourcen horten und dann auf Kosten der globalen Mehrheit reich werden? Oder stehen wir vor den Trümmern jahrzehntelanger Ausbeutung, Ungerechtigkeit und Egoismus?

Aus heutiger Perspektive würden wir Fortschritt wahrscheinlich eher mit intelligenten, gerechten Systemen und Nachhaltigkeit assoziieren, oder? Unser Status quo ist, dass Westeuropa auf Kosten anderer Weltregionen lebt. Würden alle so leben, wie wir es in diesem Teil der Erde tun, dann wäre das kein Fortschritt, sondern wohl eher das Ende.

Je mehr ich mich mit dem Thema auseinandersetzte, je mehr Zeit ich in diesem Umfeld verbrachte, desto klarer wurde mir: Unser Konsum, vor allem der Energieverbrauch, der mit dem westlichen Lebensstil einhergeht, drückt unsere Ressourcen ans Limit. Wir brauchen dringend nachhaltige Lösungen, um unsere Gesellschaft aufrechterhalten zu können. Unsere aktuellen Systeme in zukunftsfähige, menschliche Systeme umzuwandeln ist heute mein Hauptziel. Und in diesen ersten Monaten in einem fremden Land fing ich an, mich mit all diesen Themen zu beschäftigen. Gleichzeitig wollte ich das Versprechen einlösen, das ich mir selbst gegeben hatte: meine große Familie in Brasilien an meinen Privilegien teilhaben zu lassen.

Armageddon

Die Verantwortung lastete schwer auf meinen Schultern. Ich wollte dafür Sorge tragen, dass dieses komplexe Gefüge, das meine Familie sich aufgebaut hatte, nicht auseinanderbrach. In der Ferne war dieses Gefühl noch viel stärker geworden. Ich versuchte, noch mehr Vorträge zu halten, auch vor größerem Publikum. Meine Eltern und ich hatten früher schon Reisen in andere Länder unternommen, nach Deutschland, Holland oder Italien, um persönlich von unserer Arbeit zu berichten. Aber in kleinem Rahmen. Daran habe ich sehr schöne Erinnerungen, es war immer wertschätzend und auf Augenhöhe, ich habe mich wohl und angenommen gefühlt. Und bis heute sind wir eng mit diesen Menschen dort verbunden, die uns schon damals unterstützt haben.

Bei den großen Organisationen war das Gefühl ein anderes, auch wenn es für mich als Kind noch nicht greifbar war. Noch lebhaft kann ich mich daran erinnern, wie ich meine Eltern als kleines Mädchen auf Reisen begleitete, um Geld für unser Projekt zu sammeln. Wir wurden zu den Großspendern nach Hause geschickt, um von unserer Situation zu berichten. Die verschiedenen Organisationen sammelten Gelder mit Bildern und Informationen von unserem Projekt, und die Leute spendeten direkt dafür. Manche der Menschen, in deren Häusern ich Limonade und Kuchen bekam, während ich von meinem Leben in der Favela berichtete, waren so berührt von den Schicksalen der Straßenkinder, dass sie uns zusagten, ihr Vermögen nach ihrem Tod an CAMM zu geben. Sie hatten sich genau uns ausgesucht, um uns ihr Erbe zu hinterlassen. Und ich bin überzeugt davon, dass vor allem auch deswegen für uns gespendet wurde, weil ich zu den Leuten nach Hause ging. Als Opferkind, um zu betteln – so fühle ich mich heute. Von einigen Organisationen kam dann irgendwann die Nachricht, dass sie mit den Spenden unsere Arbeit mehrere Jahre lang finanzieren würden.

Dieses Geld hat uns jedoch nie erreicht. Ein paar Monate später stellten diese Leute, die ich kannte und besucht hatte, ihre Unterstützung komplett ein, was nicht nur überraschend kam, sondern auch sehr enttäuschend war. Alles, wofür meine Eltern jahrzehntelang geschuftet hatten, stand plötzlich auf dem Spiel. Man findet nicht von heute auf morgen neue Spender, das braucht Zeit, doch wir bekamen keine angemessene Frist, um uns darauf vorzubereiten. Wenige Monate später wurden die Zahlungen eingestellt. Hätte die Leitung gesagt, ab jetzt habt ihr ein Jahr Zeit, euch neu zu strukturieren, wäre es etwas anderes gewesen. So war es dramatisch.

Was hätten meine Eltern tun sollen? Den Laden dichtmachen und die Kinder zurück in die Gewalt und die soziale Verelendung schicken? Einen Kredit bei der Bank aufnehmen konnten sie ja schlecht. Es blieb nur die Möglichkeit, sich Geld auf der Straße zu leihen. Mit extrem hohen Zinsen. Niemand, der nicht in einer ausweglosen Situation steckt, würde je so etwas machen. Aber sie haben es nicht für sich ausgeliehen, nicht für einen schönen Urlaub oder ein neues Auto, sondern um das Projekt zu retten. Zu dem Zeitpunkt lebten sie noch in einem einfachen Haus außerhalb des Projekts. Das gaben sie nun als Pfand. Irgendwann kam der Tag, an dem die erste Rate fällig wurde. Sie hatten zuvor versucht, das Haus zu verkaufen, um davon ihre Schulden zu bezahlen, waren es aber nicht losgeworden.

Als das passierte, wohnte ich noch nicht lange in Berlin.

»Domitila, du hast fünf Tage, deinen Bruder nach Deutschland zu holen. Wir können das Geld nicht zurückzahlen und wissen nicht, wie sie uns bestrafen werden oder was für Konsequenzen es mit sich bringt, aber wir dürfen Carlos keinem Risiko aussetzen!«, hörte ich meinen Vater am Telefon sagen. Seine Stimme klang seltsam fremd. Die Angst darin, die kannte ich bisher nicht von ihm, von jemandem, der doch sonst so stark war.

»Wenn sie uns etwas antun, müssen wir es hinnehmen, aber deinem Bruder darf nichts passieren.«

Wer in einer brasilianischen Favela seine Schulden nicht bezahlt, muss mit vielem rechnen. Die Leichen in den Straßen erzählen davon, wie solche Rechnungen beglichen werden können, wenn es hart auf hart kommt. Die Bedrohung war real. Deshalb versuchte ich verzweifelt, irgendwie das Geld für ein Flugticket zusammenzukriegen, bettelte bei Freunden und Bekannten, damit ich meinen Bruder nach Deutschland holen konnte. Manche waren bereit, mir Geld zu leihen, wofür ich unendlich dankbar war. Aber jemand, mit dem ich die

Sorgen hätte teilen können, fehlte mir. Viele wussten nichts von meiner Situation. Oder wollten nichts wissen von meiner Krise, da sie es als belastend empfanden, sich damit beschäftigen zu müssen.

Es war nicht einfach, allein stark zu sein. Die schwierigste Zeit meines Lebens. Gerade erst war ich allein in ein fremdes Land gekommen, lernte Deutsch, machte meinen Master in vier Sprachen, arbeitete und sammelte Spenden. Dann wurde uns die Existenzgrundlage entzogen, und das Leben meiner Familie war plötzlich in Gefahr.

Wie viel mir mein kleiner Bruder bedeutet, wurde mir damals noch mal neu und auf schmerzhafte Weise bewusst, als ich große Angst hatte, ihn zu verlieren. Da ist bis heute noch so viel Wut. Ich möchte weglaufen vor diesem fremden Gefühl, das mich zittern lässt und das ich für nichts und niemanden auf der Welt empfinden möchte. Aber es steigt in mir auf, sobald ich an diese Zeit denke.

Carlinhos. So nenne ich ihn. Es gibt dieses Foto von mir und meinem Bruder, das so viel über uns erzählt, darüber, wie wir sind und welchen Platz wir uns im Leben suchen. An dem Tag, als dieses Foto entstand, waren wir während unseres ersten Europa-Trips mit unseren Eltern bei einer Frau aus den Niederlanden eingeladen. Es war die Schwester eines ehemaligen Pfarrers, der in der Nähe von CAMM soziale Projekte leitete. Wir trafen ihn in Holland, als er dort seine Familie besuchte. Wir hielten Vorträge und organisierten Spendenaktionen.

Auf dem Bild stehe ich neben der Schwester des Pfarrers, halte die Hand meiner Mutter. Jeans-Shorts, T-Shirt, meine Locken zum Dutt zusammengenommen, der Blick direkt in die Kamera. Carlos ganz versteckt in einer Ecke des Zimmers. Er hatte sich dorthin mit einem Malbuch zurückgezogen, wäre aber am liebsten wohl komplett verschwunden. Das sind wir. Ich war immer so, wollte in die erste Reihe und mich zeigen, am liebsten gleich in Hollywood. Mein Bruder ist das genaue Gegenteil: Er ist schüchtern, will am liebsten seine Ruhe haben und hält sich gern im Hintergrund.

Ich kenne niemanden, der von Grund auf so gut ist wie mein Bruder. In unserer Kindheit sind wir ganz eng zusammengerückt. Unsere Eltern wollten die Welt retten und waren sehr beschäftigt mit ihrem Projekt. Mein Bruder und ich, wir waren einfach wir, eine eigene Gang. *Er* konnte verstehen, wie ich mich fühlte, wenn andere Kinder neidisch auf mich waren, weil ich Eltern hatte, die sich um mich kümmerten. *Ich* konnte verstehen, warum er versuchte, der Allerstärkste zu sein, obwohl es so viele Kinder um uns gab, die älter und größer waren als er. Er war der Meinung, er müsste Mama und Papa vor der Welt beschützen.

Als Kinder der beiden Gründer von CAMM waren wir in dem Projekt die Einzigen, die denselben Blickwinkel teilten, dieselben Emotionen. Wir waren unendlich froh, einander zu haben. Ohne ihn hätte ich mich als anders wahrgenommen, als egoistisch und verwöhnt. Dass er das Gleiche fühlte wie ich, hat alles in Relation gesetzt. Er hat viel damit zu tun, dass ich so geworden bin, wie ich bin. Weil ich durch ihn zumindest einen Menschen in meinem Leben hatte, der meine Position kannte und nachvollziehen konnte, was in mir vorging. Meine Eltern hatten die Perspektive, wir müssten dankbar sein und alles mit den Kindern aus dem Projekt teilen. Die Kinder wiederum fanden, wir würden bevorzugt behandelt und wüssten gar nicht, wie gut wir es hätten.

Wir hatten um nichts gebeten, uns die Situation nicht aus-gesucht, in die wir hineingeboren wurden. Was sollten wir denn machen? Das, was uns von den Kindern, die im Projekt betreut wurden, trennte, verband uns als Geschwister umso stärker. Als wir noch jünger waren, habe ich mich in der Schule geschlagen, um meinen Bruder zu beschützen. Als er größer wurde, hatten wiederum alle Respekt vor ihm, nie-mand hätte mir etwas getan, weil alle wussten, er würde mich verteidigen.

Manchmal denke ich aber auch, dass er es nicht einfach hat mit einer Schwester wie mir. Es gibt wirklich rein gar nichts, in dem wir uns ähnlich sind. Ich wollte die Welt er-obern, sein Wunsch war es, bei unseren Eltern zu bleiben und das Projekt mit ihnen weiterzuführen. Heute ist er tatsächlich der Leiter von CAMM, wohnt nach wie vor mit Mama und Papa zusammen, gemeinsam mit seinem Sohn Henrique, der nur die Wochenenden bei seiner Mutter verbringt.

Er tut alles für unsere Eltern. Ohne ihn würden sie wahr-scheinlich keine einzige Überweisung hinbekommen. Das macht Carlos. Er verwöhnt sie so heftig, weil sie so viel für andere tun.

Was für ein unerträglicher Gedanke, dass ihm damals etwas hätte passieren können! Ich schaffe es nicht, über diese Zeit zu sprechen, ohne dass mir die Tränen kommen.

Mithilfe meiner Freunde gelang es mir, ein Flugticket nach Berlin für ihn zu kaufen. Für Carlos war es das erste Mal, dass er allein weg von zu Hause war und unsere Eltern zurückließ. Er wollte auf schnellstem Wege zurück nach Hause. In dieser Situation unsere Eltern nicht schützen zu können war für ihn unerträglich.

Es sollte Jahre dauern, bis Mama und Papa das komplette Geld zusammenhatten. Aber nach zwei Monaten war alles neu verhandelt, und mein Bruder konnte zumindest einigermaßen sicher zurück. Was aber bedeutete, dass unser Haus weg war. Sie hatten es verkaufen müssen, um den größten Teil der Schulden zu begleichen. Womit hatten wir das verdient? Die Auswirkungen dieser Situation, die uns alle hätte zerstören können, sind bis heute spürbar. Mein Vater ist danach sehr krank und nie wieder ganz gesund geworden.

Unsere Position als Bittsteller ist in der Beziehung zu unseren damaligen Unterstützern immer präsenter geworden. Das trage ich mit mir bis heute.

Doch jetzt wehre ich mich: Nein, ich bin nicht auf der Erde, um anderen zu dienen! Wie kann man Menschen, die eine Arbeit machen, die sonst keiner machen will, auch noch so ausnutzen? Dieser Preis, den wir bezahlt haben, um Unterstützung zu bekommen, die uns längst zustand, der steht auf keiner Rechnung. Wer solche Entscheidungen treffen darf, Projekte wie unseres von jetzt auf gleich nicht weiter zu unterstützen, sollte zumindest so viel über die Situation der Leute vor Ort wissen, um zu verstehen, dass er mit ihrem Leben spielt. Ich bleibe auf der Seite derjenigen, die wirklich **gegen Armut kämpfen** wollen. Gegen Rassismus. Gegen Narrative, in denen die Opfer die Täter sind. Nicht auf der von denen, die selbst die Unterdrückung kontrollieren. Und das System zu dem machen, was es ist.

Freunde

Damals waren wir nicht in der Position, freie Entscheidungen zu treffen, heute sind wir es. Denn selbst diese heftige Krise konnten wir in etwas Kraftvolles umwandeln. Wo Wut ist, da sind auch Energie und Lebendigkeit. Die nutzte ich nun, um stärker für CAMM zu kämpfen als jemals zuvor.

Nach dem großen Knock-down habe ich die Verwaltung der Finanzen von CAMM übernommen. Wir konnten uns nicht länger abhängig machen von großen Spendern, denen es nicht um die Menschen, sondern um Werbung und Lobbyarbeit geht. Wir brauchten niemanden, der einen verdammt hohen Prozentsatz von dem Geld einkassiert, das eigentlich den Kindern zusteht.

Wenn ich mein Studium nicht aufgeben und nach Linha do Tiro zurückkehren wollte, müsste ich es schaffen, von Berlin aus das weggefallene Geld zusammenzubekommen – ohne mich zu prostituieren und ohne korrupt zu werden. Nach einem halben Jahr in Deutschland fing ich an, strategisch zu denken. Es machte mehr Sinn, verschiedene Freundeskreise aufzubauen, die sich für uns engagierten. Alle Unterstützer von CAMM, die ich von Geburt an kannte, kontaktierte ich. Der Plan ging auf: In jeden Semesterferien bin ich dann durch Deutschland gereist und habe in Schulen von unserem Projekt gesprochen. Unis, Bildungs- und Fortbildungszentren kamen hinzu. Vorher wurde bei Vorträgen immer über uns gesprochen, aber bisher waren wir fast nie selbst zu Wort gekommen. Und wenn doch, dann in Form von miserablen Übersetzungen und schlechter Kommunikation. Doch selbst das Wort zu ergreifen war wichtig, um uns eine eigene Stimme zu geben.

Heute haben wir Unterstützer in Deutschland, Südtirol und Holland, die uns helfen. Es sind Menschen, die als freiwillige Helfer bei uns waren, die zurückgekommen sind mit dem Wunsch, sich aus Überzeugung und Mitgefühl engagieren zu wollen. Hundert Prozent dieses Geldes kommen den Kindern zugute. Als ich später im Bereich »Beratung« tätig war, konnte ich außerdem einige meiner Kunden davon überzeugen, CAMM zu helfen und ihren Einsatz für uns in ihre Berichte zur Corporate Social Responsibility (CSR), also ihrer gesellschaftlichen Unternehmensverantwortung, aufzunehmen. So bekamen sie die Möglichkeit, tatsächlich soziale Verantwortung zu übernehmen und einen konkreten Beitrag zu leisten.

Bevor wir diese Unterstützung bekamen, sah es hoffnungslos aus, aber es hat sich in etwas umgewandelt, das für viele zur Lebensaufgabe geworden ist. Diese Dinge sind es, die uns Kraft geben, weil wir sehen, wir sind nicht allein. Menschen, die weit weg von uns leben, kämpfen mit uns gegen die Armut. Das macht es so viel leichter zu glauben, dass man den Kampf gewinnen kann. Es hilft uns, nicht dem Zorn gegenüber denen die Oberhand zu lassen, die uns alleingelassen haben. Sondern der Hoffnung und dem Glauben an Menschlichkeit. Oder um es in den Worten meiner Mama zu sagen: »Alles im Leben vergeht. Sie hatten das Geld, wir haben die Kräfte und den Glauben. Wir haben die Berufung und Fähigkeiten, die das lebendige Beispiel dafür sind, dass unsere Arbeit Früchte trägt.«

Dieses Engagement machte sich mittlerweile auch in anderen Bereichen bemerkbar. So habe ich letztes Jahr ein Mädchen in Deutschland wieder getroffen, das bereits vor zwölf Jahren mit ihren Eltern an einem Bibelwochenende im bayerischen Neufahrn teilgenommen hatte, bei dem ich einen Vortrag gehalten habe. Damals war sie sieben Jahre alt. Sie fiel mir um den Hals und erzählte mir, dass sie nun selbst diese Vortragsgruppe leitet und ich sie inspiriert hätte, sich zu engagieren. Ein größeres Geschenk hätte sie mir nicht machen können. Das war immer mein Traum, Menschen im Herzen zu erreichen, damit sie sich aus empathischen Gründen selbst einsetzen. So kann ich eines Tages beruhigt in Rente gehen.

Aber noch etwas anderes hat mich bewegt. Statt der Weihnachtsgeschichte haben sie ein Stück über die Entstehung von CAMM aufgeführt. Als ich 2006 angefangen habe, bei den Aktionen der Unterstützerkreise zu sprechen, hat es in Neufahrn keine einzige Person of Color gegeben, der sich zugetraut hätte, meinen Vater zu spielen. Die Grundschüler afrikanischer Abstammung, die ich jedoch über die Jahre durch meine Vorträge kennenlernen durfte, konnten ein ganz anderes Selbstbewusstsein entwickeln, indem sie mich erlebten und sich dadurch eingeladen fühlten, hervorzutreten und mitzumachen.

Einer der Jungs, die damals dort zur Schule gingen, hat so den Mut gefasst, selbst Schauspielunterricht zu nehmen, sich dem Publikum zu zeigen und die Narrative mitzugestalten. Er hatte sich beworben, die Rolle von Ademilson zu übernehmen. Genauso hatte ich es mir gewünscht. Das Bibelwochenende war plötzlich cool. Die Kinder hatten Spaß, die Kirche war voll, sie posteten Bilder bei Instagram.

So ändert sich die Geschichte. Von Opfern zu Mitgestaltern. Von Minderheiten zu Protagonisten.

Kapitel 6

Nur wenn du dich selbst wertschätzt, werden es auch andere tun

Mit einem kleinen Koffer und einem großen Traum war ich nach Berlin gekommen. Mich selbst hatte ich übertroffen und erreicht, was ich mir nie auch nur hätte vorstellen können. Voller Stolz hielt ich nun mein Abschlusszeugnis von der Freien Universität Berlin in den Händen. Ein Master in Sozial- und Politikwissenschaften, in vier Sprachen: Deutsch, Portugiesisch, Englisch, Spanisch. Was für ein unfassbarer Erfolg!

Aber die Freude, die Euphorie, die Erleichterung, das alles hielt nur kurz an. Mich auszuruhen auf meiner Leistung konnte ich mir nicht erlauben. Zu Hause in Linha do Tiro setzten alle große Hoffnungen in mich, und ich wollte sie nicht enttäuschen. So machte ich einfach weiter, ohne innezuhalten. So wie ich es seit meinem dreizehnten Lebensjahr immer getan hatte. Die Erkenntnis, die mich nach meinem Abschluss einholte, hinterließ große Ernüchterung: Es war nie genug. Nie würde ich nachlassen können. Ich würde weiterkämpfen müssen.

Mit der Rolle bei *Gute Zeiten, schlechte Zeiten* hatte sich eine Sehnsucht erfüllt, von der ich nicht geahnt hatte, wie stark sie

Mein erstes Fotoshooting

Mit meinem Bruder bei meiner Einschulung

Mit meiner Mutter und meinem Bruder in Holland

Family time mit meinen Eltern bei einem Ausflug

Familie Barros (von links): Mit Bruder, Neffe, Vater, Mutter und Schwester

Beim *Millenium Dreamer Award* in Disney World, Florida

Ausflug mit vielen CAMM-Bewohnern

Mein Unterricht im CAMM

Miss-Germany-Finale ©Tobias Dick

Als Mediatorin über Klimagerechtigkeit in Brasilien

Mit der Umweltministerin von Brasilien, der Direktorin des Instituts für Klima und Gesellschaft und der Umweltsekretärin von Rio de Janeiro

Mit Brasiliens Ureinwohnern im Museum der Zukunft in Rio de Janeiro

Als Mediatorin für ONU Brasilien und das Sekretariat für Umwelt in Rio de Janeiro

Das erste Mal im Plenum des Europäischen Parlaments

G20-Opening in Rio de Janeiro

Als Jury-Mitglied des Deutschen Nachhaltigkeitspreises in Düsseldorf, 2023

In der Favela »Schusslinie« in Recife, Brasilien

war. Es war traumhaft und unbegreiflich für mich, für diese Arbeit auch noch bezahlt zu werden.

Die Filmstudios in Babelsberg. Jemand kümmerte sich um meine Haare. Ich trug schöne Klamotten. Ich wurde gesehen. Die Filmwelt, die große Bühne, von der aus ich laut in die Welt würde rufen können, was mich und die Menschen, die so groß geworden sind wie ich, bewegt. Die Verwirklichung meines Traums war zum Greifen nah.

Bis sich kurz nach meinem Abschluss die Ausländerbehörde meldete, mit einem offiziellen Schreiben, das alles zunichtemachte. Was dort in gestelztem Bürokraten-Deutsch stand, hieß: Wenn ich bleiben wollte, müsste ich einem Beruf nachgehen, der etwas mit meinem Studienabschluss zu tun hätte. Dass ich das Geld, das ich mit der Schauspielerei verdiente, für mein soziales Engagement nutzen wollte, interessierte niemanden. Individuelle Entscheidungen waren nicht vorgesehen, Wünsche und Träume nicht Teil des Systems.

Anstatt mich weiter an Filmsets aufzuhalten, an denen ich mich bisher so fantastisch gefühlt hatte, begann ich, bei einem Verein zu arbeiten, der im Auftrag einer deutschen Behörde Jugendarbeit machte. Eine Aufgabe, die nicht einmal mehr Raum für einen Nebenjob beim Fernsehen zuließ. Gefangen im Korsett von Bestimmungen und Paragrafen, abgeschnitten von Kreativität und Selbstbestimmung, biss ich die Zähne zusammen und versuchte zu akzeptieren, dass ich mich aufgrund meiner Herkunft wieder mit so traumatischen Themen beschäftigen musste wie bei CAMM. Damit kannte ich mich schließlich aus. Und so wurde es für mich entschieden. Ich hatte die besten Voraussetzungen, meinen Traumberuf dauerhaft auszuüben, durfte es aber nicht.

In der Serie blieb nur die Möglichkeit, mich einfach sterben zu lassen. Dieser Serientod passte zu dem, was ich empfand. Diese Entscheidung fühlte sich an wie eine Strafe, ohne zu wissen, wofür man sie erhielt. Sie erstickte jede Lebendigkeit und lähmte jede Freude in mir. Nach ein paar Monaten wusste ich nicht einmal mehr, wozu ich noch aufstehen sollte. Alles, was mir Spaß gemacht hatte, wurde mir genommen. Das Einzige, was ich noch machen konnte, war zu funktionieren.

Um zu bemerken, dass ich mich langsam auflöste, war ich jedoch zu beschäftigt. Keine Zeit, mich selbst zu fühlen oder mich zu fragen, wie es mir eigentlich ging. Ich kannte das Leben nur so: Opfer bringen, hart arbeiten, sich anpassen. Was es eigentlich bedeutet, wirklich am Leben zu sein, wusste ich auch mit Ende zwanzig noch nicht.

Die Arbeit als Sozialarbeiterin war auf vielen Ebenen schwierig. Ich bot Familienhilfe an, betreute eine Mädchengruppe oder wurde punktuell für Projekte an Schulen in Kreuzberg und Spandau eingesetzt. Der Kontakt mit den Jugendlichen gefiel mir, auch wenn ich oft in mir Widerstände und Unverständnis spürte, wenn ich von den Problemen hörte, die die Menschen mit sich herumtrugen. Ich hatte das alles studiert, ich verstand es über die kognitive Ebene, aber emotional war es verwirrend für mich. Ich kannte Armut, ich kannte soziale Ungerechtigkeit. Aber mit diesen Dingen war ich nie zuvor konfrontiert gewesen.

Heute weiß ich: Es gibt keine Kategorien von Problemen. Je nachdem, in welchem Kontext ein Mensch lebt, empfindet er verschiedene Dinge als gleichermaßen dramatisch. Mittlerweile habe ich diese Empathie zu verstehen, jeder hat Sorgen, aber sie sind anders konnotiert. Ängste sind von Kultur zu Kultur unterschiedlich. Ich habe Freunde, die haben Angst, keinen Partner zu finden oder keine Kinder zu bekommen. Und ich finde, das Problem ist nicht kleiner, als fünf Kinder zu haben, für die man nicht genug zum Essen hat. Es sind gegensätzliche Probleme, aber gleichermaßen wichtig. Eine Freundin, die seit zehn Jahren versucht, schwanger zu werden, leidet genauso wie die Frau aus der Favela, die ihre eigenen Kinder weggeben muss. Jeder trägt irgendein Trauma mit sich. Ich kenne Millionäre, die gehen einsam durch die Welt. Die können nicht glauben, dass sich jemand ernsthaft für sie interessiert, weil sie immer wieder die Erfahrung machen, dass alle nur ihr Geld wollen.

Deshalb glaube ich, dass kein Problem groß oder klein ist. Deshalb irritiert es mich, wenn Leute zu mir sagen: »Domitila, ich weiß, für dich ist das gar kein Problem ...«

Doch, es ist ein reales Problem – nämlich für mich!

Zu der Zeit jedoch konnte ich das noch nicht sehen. Die Geschichten der Menschen zu hören war verstörend. Es war belastend, mich jeden Tag über meine Kräfte hinaus für die Lösung von Problemen einzusetzen, die ich nicht immer als solche betrachten konnte. Auf der anderen Seite beobachtete ich Dinge, die mich schockierten. Ich begegnete Familien, in denen sich die Menschen gar nicht kannten. Die Kinder waren bis 17 Uhr in der Betreuung, dann wurde gegessen, gezockt, geschlafen. Sie wussten gar nichts übereinander.

Auch erlebte ich viele Eltern, die sehr schnell bereit waren, ihren Kindern starke Medikamente gegen ADHS zu geben. So als wäre es nicht die letzte, sondern die allererste Option, sich für Tabletten zu entscheiden. Ich dachte an meine Mutter, die diese Kinder als »gesegnete Kinder« wahrnahm, gesegnet mit Energie. In Brasilien gibt es auch keine Übersetzung für das

Wort »Kinderlärm«, weil es ein Geschenk ist, dass Kinder gesund sind und sich Gehör verschaffen.

In diesem Kontext wurde mir erst bewusst, welche Probleme eine Wohlstandsgesellschaft hervorbringt. Auch hier nahm ich wahr, wie weit die Schere auseinanderklafft, obwohl wir in einem Sozialstaat leben. Wo Menschen fünf verschiedene Laptops zu Hause haben und andere nicht wissen, wie man einen Computer anstellt. Wo Kinder kostenlos eine Schule besuchen dürfen, aber viele es gar nicht als Geschenk begreifen. Ich hatte mich bemüht, empathisch zu sein, wenn an der Uni jemand verzweifelte, weil in der Mensa kein vegetarisches Gericht angeboten wurde. Wer nichts kennt als diesen Standard, empfindet solche Dinge vielleicht wirklich als Problem. Im Supermarkt hörte ich Mütter ihre Babys fragen, was sie essen wollten. Von jeher hatte ich es als Privileg empfunden, mich zwischen den Welten zu bewegen. Aber so extrem, wie sie nun in meinem Alltag aufeinandertrafen, verstörte es mich. Zwischen den verschiedenen Wertesystemen fühlte ich mich zerrissen und orientierungslos.

Trotzdem ging ich drei Jahre lang jeden Morgen durch dieselbe Automatiktür in mein Büro, in einem riesigen grauen Gebäudeklotz. An den Wochenenden betreute ich die Kinder in Sozialgruppen. Ich traf dort so viele junge Menschen, die unter wesentlich besseren Bedingungen aufgewachsen waren als ich. Aber die wirtschaftlichen Rahmenbedingungen bestimmen eben nicht darüber, wie aufgehoben sich ein Mensch fühlt. Es schockierte mich, Teenager vor mir sitzen zu haben, die sich selbst verletzten. Mit Rasierklingen ihre Haut aufrissen. Sicherlich gibt es dieses Phänomen auch in Brasilien, aber in meinem Umfeld haben wir so darum gekämpft, überhaupt zu überleben, dass kein Raum dafür war, sich selbst in dieser Form zu zerstören. Von zu Hause kannte ich niemanden, der so aggressiv gegenüber sich selbst war. Das zu erleben war für mich extrem. Zu realisieren, dass es hinter vielen schönen Kulissen so großes Leid und echte Probleme gibt. Und viele Geschichten, die gar nicht erst gehört werden.

Es ist nicht einfach, ein junger Mensch in Deutschland zu sein. Es herrscht ein Druck, an dem manche zerbrechen.

Nichts geht mehr

»Ich komme zurück!«, sagte ich am Telefon zu meinen Eltern. Ich hatte erwartet, dass diese Botschaft einen Freudentaumel auslösen würde, man in Linha do Tiro meine Rückkehr sehnsüchtig erwarten und alle sich praktisch sofort auf den Weg zum Flughafen machen würden. Doch sie bestärkten mich zu bleiben. Für meine Eltern war Deutschland der Ort, von dem aus ich am meisten für die Community tun und durch meine Vorträge etwas erreichen konnte. Als Sprachrohr für das Projekt.

Also blieb ich. Versuchte zu akzeptieren, was ich so schwer begreifen konnte. Ich hatte alles gemacht. Aber wo waren sie, die Möglichkeiten, die Türen, die sich öffneten? Wo war der Lohn für all die Anstrengungen? Ich wollte nicht wie die Reichen in Deutschland leben, aber zumindest einmal im Jahr Urlaub machen und fair bezahlt werden. Stattdessen arbeitete ich pausenlos, ohne zu wissen, wofür. Ich wohnte weiter in WGs, konnte mir wenig leisten. Es war, als würde ich immerzu rennen, ohne von der Stelle zu kommen. Ich war erschöpft und ausgelaugt. Auch von der Rolle, die ich in der Gesellschaft offenbar verkörperte. Es ist sehr anstrengend, eine brasilianische Frau in Deutschland zu sein. Jeden Tag zu beweisen, dass ich nicht hier bin, um zu heiraten und eine Aufenthaltsgenehmigung zu bekommen. Dieser Kampf hielt sich hartnäckig über Jahre. Unabhängig wollte ich sein, ohne den ganzen Tag Danke und Bitte sagen, ohne mich unterordnen zu müssen. Mich nicht länger limitieren und kleinmachen lassen von den Vorstellungen meiner Vorgesetzten und Kollegen, die mir wenig zutrauten.

Aber an vielen Tagen hatte ich kaum die Kraft, darüber nachzudenken, wohin ich wollte oder wie mein Leben hätte aussehen können. Der Job bei der Jugendhilfe verlangte mir alles ab. Bis zu meiner Grenze und darüber hinaus. Meine Chefin wusste, dass mein Aufenthaltstitel davon abhängig war, dass mir nicht gekündigt wurde. Es wurde nicht ausgesprochen, dass ich dankbar zu sein und alles wortlos zu akzeptieren hätte, aber zwischen den Zeilen war es deutlich lesbar. Was auch immer an Aufgaben bei mir abgeladen wurde, ich hatte keine Chance, etwas zu erwidern, zu sagen, dass ich das alles unmöglich schaffen konnte.

Ich machte Überstunden. Da ich eine der wenigen kinderlosen Angestellten war, sprang ich dauernd ein, damit die anderen pünktlich Feierabend machen konnten. Es kam noch hinzu, dass – abgesehen von Türkisch und Arabisch – keiner der anderen eine Fremdsprache beherrschte, deswegen landeten die meisten Fälle bei mir. Ich konnte mich gut in die Jugendlichen aus migrantischen Familien versetzen, die in diese Welt mit ihren Gesetzen und Regeln hineingeboren wurden, während ihre Eltern aus einem ganz anderen Hintergrund kamen.

Für meine Kollegen war es ein Segen, dass sie mich hatten. Bei manchen wurde ich das Gefühl nicht los, dass sie mich vor allem deshalb mochten, weil sie mich ausnutzen konnten. Es war aber für mich extrem frustrierend. Und es gab nicht einen Tag, an dem ich mich nicht zurück ins Filmstudio sehnte. Es war zum Verzweifeln.

Wie ein Muster, aus dem ich nicht auszubrechen vermochte, zog es sich durch mein Leben. Bei allem, was ich tat, wären die Konsequenzen für eine mittelmäßige bis schlechte Leistung dramatisch gewesen. Alle Anstrengungen wären umsonst gewesen. Wenn du etwas falsch machst, wird CAMM darunter leiden. So viele Sachen, bei denen ich aufpassen muss, was ich tue oder was ich sage, weil es einen Einfluss auf die Arbeit meiner Eltern haben könnte. Wenn ich etwas nicht schaffe, dann habe nicht nur ich ein Problem. Immer gibt es nur eine Chance, um zu überzeugen. So war es auch hier. Wieder eine Aufgabe mit großen Erwartungen und viel Druck.

Auch das war ein Grund, warum ich den Job beim Fernsehen so sehr geliebt hatte. Es war das erste Mal, dass ich mir erlauben durfte, Fehler zu machen, ohne dass es Konsequenzen hatte. Text vergessen? Einsatz verpasst? Kein Problem, wir wiederholen die Szene! Diese zweite Chance gab es für mich sonst nie.

Auch jetzt nicht. Es gab keinen Weg zurück vor die Kamera. Stattdessen arbeitete ich jeden Tag der Woche bis zum Umfallen, inklusive der Wochenenden. Hunderte von Überstunden sammelte ich an. Der Stress in der Arbeit war enorm. Alles strengte mich an. Was sollte ich hier? Was sollte ich in Brasilien? Ich fühlte mich verloren. Nichts ergab mehr einen Sinn. Es waren nur mein Pflicht- und mein Verantwortungsgefühl, die mich morgens aufstehen ließen. Es gab nichts, worauf ich mich freute. Nicht einmal Tränen hatte ich noch, mir war alles gleichgültig geworden. So viel hatte ich gegeben. Für nichts. Es zählte einfach nicht.

Mein Leben lang war ich ein lebensfroher und begeisterungsfähiger Mensch gewesen. Dass ich es nicht mehr war, bemerkten zuerst meine Kollegen. Es waren die Menschen, mit denen ich zu dem Zeitpunkt am meisten zu tun hatte. Sonst sah ich kaum jemand anderen mehr. Für Freundschaften war wenig Zeit, und mir fehlte die Kraft, mich zu verabreden. Ich hatte nicht das Gefühl, etwas erzählen zu können, da war nichts Lebendiges mehr in mir, das ich gern geteilt hätte. Nichts Trauriges, nichts Schönes. Dann die zweiwöchentliche Supervision in der Arbeit. So dünn sei ich geworden. Ich hätte mich verändert. Was war los? Ich wusste keine Antwort darauf, erklärte mich aber einverstanden, mich bei einer Psychiaterin vorzustellen. Sie hat mich sofort krankgeschrieben und mir gesagt, ich solle nicht ankündigen, bald zurückzukommen. Stattdessen müsse ich akzeptieren, dass ein neuer Prozess für mich beginnt.

Dass ich offenbar einen so schlechten Eindruck auf die Menschen um mich herum machte, erschreckte mich. Als ich körperlich durchgecheckt wurde und man mir sagte, dass ich nur noch zweiundvierzig Kilo wog, war ich schockiert. Mir war aufgefallen, dass ich viele Lebensmittel nicht mehr vertrug, oft hatte ich Schmerzen und Krämpfe gehabt. Doch zum Arzt gegangen war ich nie, hatte ich doch zu tun und wollte nicht bei der Arbeit fehlen. Dass ich nur noch aus Haut und Knochen bestand, hatte ich nicht gemerkt. Ich sah mich gar nicht mehr an, hatte kein Gefühl mehr für mich und meinen Körper. War mir selbst gleichgültig geworden. Wie alles andere. Keinen Bock mehr zu leben. Selbstmordgedanken. Ich hätte mir nicht vorstellen können, dass ich jemals wieder Lust bekommen würde, hier auf der Erde zu sein. Es war die Talsohle meines Lebens. Nie zuvor hatte ich mich in so einem Zustand befunden. Nie wieder möchte ich dorthin zurück-kehren.

Dass ich schwere körperliche Symptome zeigte, war im Nach-hinein betrachtet meine Rettung. Denn so habe ich den Ernst der Lage überhaupt wahrgenommen. Sonst hätte ich weiter vor mir selbst geleugnet, wie schlecht es mir ging. Vielleicht hätte ich nie eine Therapie gemacht. Nun hatte ich jemanden, der nur *mir* zuhörte und keine andere Meinung wissen wollte. Der sich nur mit *meinen* Themen und Bedürfnissen ausein-andersetzte. Einmal musste ich in diesen Abgrund blicken, um Hilfe zuzulassen. Sonst würde ich bis heute versuchen, mit meinen Themen allein klarzukommen. Weiter bitter und hoffnungslos durch die Welt gehen.

Bald wurde eine chronische Darmschleimhautentzün-dung diagnostiziert. Außerdem ein fortgeschrittenes Burn-out, das sich zu einer Depression entwickelt hatte. Für immer und ewig werde ich dankbar dafür sein, dass ich bei einer großartigen Psychotherapeutin einen Platz bekam, die mir buchstäblich das Leben gerettet hat. Drei Jahre hat sie mich begleitet.

Eine Sitzung, die mir stark in Erinnerung geblieben ist, war die, in der ich alle meine Zeugnisse mitbrachte. Wir breiteten sie vor uns aus und betrachteten sie eine Weile. Ich kannte sie ja, wusste, was darauf zu lesen war, aber es hatte dennoch eine Wirkung auf mich. Es machte mich stolz, ihr alles zu zeigen, darüber zu erzählen, was ich erreicht hatte. Ja, ich hatte viel geleistet, aber in meinem Inneren kam das Gefühl nicht an, es war, als gehörte das alles nicht zu mir. In den vorherigen Sitzungen hatten wir so oft darüber geredet, dass ich immer diese Angst verspürte, wieder in der Armut zu landen. Bei allem, was ich tat, bei jeder Entscheidung, die ich traf. Jetzt lagen all diese Dokumente auf dem Parkettboden der Praxis vor uns. Sie lagen dort, und ich erkannte, dass ich etwas besaß, um es meiner Angst entgegenzusetzen. Kein diffuses Gefühl, sondern Fakten, die mir aufzeigten, dass sie rational nicht zu begründen war. Als ich nach Deutschland kam, hatte ich nichts als zwanzig Kilo Gepäck, fürchtete mich davor, unter der Brücke zu landen. Jetzt hatte ich einen Master, all diese Weiterbildungen gemacht, besaß diese Zeugnisse. Ich war nicht auf Hilfe von anderen angewiesen, nicht mehr das arme Mädchen aus der Favela, auch wenn manche Leute mich so sehen wollen.

Zuvor war da dauernd der Gedanke, wenn ich nicht gefalle, nicht noch mehr tue, dann werde ich keine Chance haben, dann werde ich weggekickt, verhungern. Doch an diesem Tag konnte ich zum ersten Mal von außen auf meinen Weg blicken und auf den Menschen, der ich geworden war. Es war ein leises Vortasten und würde noch viel Zeit brauchen, bis es in meinem Erleben ankam, bis ich glauben konnte, dass ich meine Angst ein Stück weit loslassen konnte. Aber in Momenten, in denen ich mich wieder kleinmachte, ließ ich das Mosaik aus Dokumenten in meinem Kopf entstehen, die ein Sinnbild dafür waren, dass es an der Zeit war, mich innerlich aufzurichten.

Erst als ich in diesem Mindset ankam, hat sich das Spiel verändert. Was mir dabei mehr als alles andere geholfen hat, ist der Respekt vor mir selbst. Ja, Menschen haben wichtige Türen für mich geöffnet. Aber ich musste auch erkennen: Durchgelaufen bin ich selbst. Niemand hat Klausuren für mich geschrieben, niemand hat die Vortragsarbeit für mich gemacht, das habe ich aus eigener Kraft geschafft. Das hat für mich alles verändert. Weil ich nicht mehr gelebt habe, um anderen zu gefallen, sondern um mir zu gefallen. Als ich angefangen habe, mich kennenzulernen und wertzuschätzen, hat ein Prozess begonnen, bei dem es kein Zurück mehr gab. Es ging nun nur noch darum, mich selbst nicht zu enttäuschen.

Inzwischen kann ich es aushalten, dass mal jemand beleidigt ist, weil ich mich nicht den Erwartungen entsprechend verhalte. Ich bin nicht verpflichtet, mein Leben lang dankbar zu sein für Dinge, nach denen ich teilweise nicht mal gefragt habe. Bis heute ist es meine Lieblingsantwort, wenn mir jemand ein Kompliment macht, zu sagen: »You don't give enough credits to my therapist!« Es war ein langer Weg, den wir zusammen gegangen sind. Die Leute sehen das nicht, die sehen nur die Ergebnisse. Wie es mir heute geht.

Bevor ich die Therapie begann, war nicht mehr viel von mir übrig. Meine Eltern musste ich deshalb bitten, mich nicht mit all den Sorgen und Problemen, mit denen sie sich im Projekt auseinandersetzten, zu konfrontieren. Zu fragil war ich. Hatte ich selbst doch so viel zu tragen, dass ich es kaum schultern konnte. »Ich habe ein riesiges Problem zu lösen. Wenn ich es nicht angehe, kann ich mir nicht helfen und euch auch nicht.«

Heute gibt es nichts Unerklärtes mehr, und ich konnte in dem Gefühl, ihre Stärke und Liebe im Rücken zu haben, auf meinem Weg weitergehen und versuchen, gesund zu werden.

Durch das, was meine Therapeutin in mir angestoßen hat, half sie mir, der Mensch zu werden, der ich heute bin. Sie war auch die Person, die mich ermutigt hat, nach einem Ort zu suchen, an dem ich heilen konnte. Je größer der Abstand war, umso besser.

Der Plan: möglichst weit weg zu sein, um mir selbst nahezukommen.

Bali. Die Insel der Götter. Vulkane, Reisfelder, Tempelanlagen, endlose Strände.

Einerseits hatte ich große Angst wegzugehen, alles aufs Spiel zu setzen, was ich mir aufgebaut hatte. Andererseits wollte ich es mir unbedingt erlauben. Ich buchte mir nur einen Hinflug und blieb letztendlich drei Monate.

Dort herrschte eine ganz andere Energie als in Deutschland. Ich spürte, wie gut es mir tat, dort zu sein. Ich empfand nach einer Weile wieder Spaß an Dingen. Jeden Tag durfte ich allein entscheiden: Was will ich heute essen? Wo will ich hin? Will ich schreiben, will ich arbeiten, will ich an den Strand gehen? Und egal, worauf ich Bock hatte, ich konnte es tun.

Auf Bali ist alles sehr günstig, ich konnte mir vieles leisten. Es mir auch zu gönnen, mir zu sagen, ich habe es verdient, das war jedoch etwas, das ich noch üben musste. Die großartige südostasiatische Küche. Shakes aus frischen Früchten. Massagen. Das alles war die reinste Offenbarung. Und immer öfter gelang es mir, diese Dinge auch ohne Selbstvorwürfe zu genießen.

Auf Bali hatte ich vielleicht die schönste Zeit meines Lebens. Am liebsten wäre ich für immer dort geblieben. Asien erinnert mich sehr an Brasilien, mit dem großen Unterschied, dass ich mich in keinem Moment unsicher gefühlt habe. Wie schön war es, in einer Realität zu leben, in der man diese traumhafte Natur und das tolle Klima erleben kann – ganz ohne Gewalt.

Ich steckte voller Tatendrang. Ein Gefühl, das ich lange nicht mehr gespürt hatte. Schon zuvor hatte ich angefangen, aus einem seltenen Rohstoff, den es nur in einer Region im Landesinneren Brasiliens gibt, Schmuck zu designen und ihn über Social Media zu verkaufen. Capim Dourado. Goldenes Gras. Das Naturmaterial, für das es strenge Schutzbestimmungen gibt, ist botanisch betrachtet gar kein Gras, sondern gehört zur Familie der Pfeifenwurzgewächse. Einmal im Jahr wird es per Hand von indigenen Bevölkerungsgruppen und lokalen Bauern geerntet. Der Export als Rohstoff ist verboten, weshalb die Pflanze nur innerhalb des Landes verwertet werden darf. Weil ich wusste, dass zwanzig Tonnen Giftmüll produziert werden müssen, um nur einen einzigen Ehering aus Gold herzustellen, war meine Idee, aus dem glänzenden Stängel der Pflanze Ketten und Armbänder zu fertigen. Nun hatte ich endlich wieder Antrieb, weiter an diesem Projekt zu arbeiten. Es war beflügelnd, es nach meinen Vorstellungen zu tun.

She Is From The Jungle sollte meine Firma heißen, ein Sozialunternehmen. Mein Ziel war es nicht, damit reich zu werden, sondern dass alleinerziehende Mütter, die aus der Armut kommen, sich dadurch eine Perspektive schaffen können. Sie würden die Schmuckstücke zu Hause in Linha do Tiro herstellen. Was ihnen die Möglichkeit gäbe, selbstständig zu sein, fair zu verdienen und in einer Arbeitsbeziehung zu sein, die auf Augenhöhe funktioniert. Im Sinne eines Sozialunternehmens wäre die Firma also umso erfolgreicher, je mehr Frauen ich in Beschäftigung bringe. Ich wollte etwas tun, das für mich Sinn ergab. Bei dem sich ein Kreislauf schließt. Und ich außerdem vieles von dem, was ich an der Uni gelernt hatte, einfließen lassen konnte.

Das tat mir gut. Ohne den Druck von außen kamen die Ideen fast wie von selbst, sah ich nun die vielen Möglichkeiten, für die ich den Blick verloren hatte.

Warum nicht auch meine Erfahrungen, die ich bei meinem eigenen Unternehmen sammelte, auf andere Modelle übertragen und als Beraterin an Firmen weitergeben, die mit meinem Know-how ihre Produkte in puncto Nachhaltigkeit und faire Arbeitsbedingungen weiterentwickeln könnten? Also Businesskonzepte zu entwickeln, die erfolgreich sind, aber die Welt nicht kaputt machen?

Es motivierte mich, niemanden fragen zu müssen, ob er es für richtig oder falsch hielt, was ich tat, sondern einfach meiner Intuition zu vertrauen. So wie ich es früher gemacht hatte. Mich lähmte nichts mehr. Und ich stellte fest: Es war nicht nur das Zuviel an Arbeit gewesen, das mich bis zum Burn-out gebracht hatte, es waren auch die falschen Dinge, die meine Ressourcen verbrauchten und für die ich mich selbst verschwendet hatte. Natürlich war die Sozialarbeit, die ich geleistet hatte, für die Betroffenen sinnvoll und wichtig, aber im Auftrag der deutschen Behörde konnte ich ihnen nie so helfen, wie ich es gern getan hätte. Gefangen zu sein in einem starren System, hat mir wahnsinnig viel meiner Kraft genommen.

Von Bali aus habe ich nicht nur den Onlineshop für *She Is From The Jungle* aufgebaut, sondern auch angefangen, als Influencerin zu arbeiten und als Digital-Nomad-Unternehmen zu beraten. Alles schien plötzlich in Fluss zu kommen. Das hat mir sehr geholfen zu verstehen: Ich trage schon alles in mir, was ich brauche, um glücklich und erfolgreich zu sein.

Diese Monate in Indonesien habe ich als eine Zeit empfunden, in der meine Seele wieder ganz wurde. Zum Ende der Therapie kehrte ich erneut dorthin zurück, um, spirituell betrachtet, meinen Abschluss zu finden. Bei meinem ersten Besuch hätte es mir noch zu viel abverlangt, aber dieses Mal fühlte ich mich stark genug, um in ein Schweige-Retreat zu gehen. Unweit von Ubud im Hochland von Bali mit seinen Hindu-Tempeln und -Schreinen, umgeben von dichtem Regenwald und Reisterrassen, die die Hügel wie leuchtend grüne Kunstwerke erscheinen lassen. So schön die Umgebung auch war, so wärmend das tropische Klima, so groß waren nach meiner Ankunft am Flughafen aber dann doch meine Zweifel, ob ich die Konfrontation mit mir selbst würde aushalten können. Wie nah würde ich mir dabei kommen? Wie würde ich mit dem zurechtkommen, was ich vielleicht über mich erfuhr? Drei Tage waren mein Ziel – mit der Option, nach vierundzwanzig Stunden abzuhauen, wenn ich es nicht aushielt.

Stille

Back to basic war das große Thema des Retreats, die Reduktion aufs Wesentliche. Keine technischen Geräte. Ein Bungalow ohne Strom mitten im Dschungel. In dem ich die Natur so nah wahrnahm, dass ich nachts kein Auge zutat, weil ich sicher war, Giftschlangen und Springspinnen würden sich um mein Bett versammeln. Nicht immer war genug Wasser für die Toilettenspülung da. Wir durften keine Kosmetik mitbringen, es gab nur ein Stück Seife, um Haare und Körper zu waschen, Zahnpasta und einen Insektenschutz auf Basis von Zitronella. Die Zeit dort hat mir beigebracht, ganz einfach zu leben. Du hast nur einen Becher, einen Teller, Gabel und Messer, ein Bett, nur schlichte Klamotten. Du darfst kaum etwas mitbringen, um nicht abgelenkt zu sein. Du weißt nicht mal, wie spät es ist, weil du kein Handy oder iPad hast, um nachzusehen. Dass es Zeit zum Essen war, wusste ich nur, weil jemand getrommelt hat, sonst lebte ich ohne Zeitgefühl. Wer in so ein Schweige-Retreat geht, entgiftet auf vielen Ebenen. Kein Koffein, kein Alkohol, kein Fleisch, keine Milchprodukte, keine Chemie, keine importierten Waren und vor allem: keine Gespräche.

Als ich dort ankam, war mir natürlich klar, dass ich nicht reden durfte. Du triffst die anderen Leute nur beim Frühstück oder beim Yoga. Einen Tag nach meiner Ankunft lief ich durch die Natur und stolperte über einen Stein, der mir aufgefallen war, weil er immer genau an dieser Stelle auf dem Weg lag. In dem Moment, als ich stolperte, sagte ich laut zu mir: »Domitila, du bist so dumm, du weißt doch, dass der Stein dort liegt!« Und ich dachte, guck mal, ich bin noch keine vierundzwanzig Stunden hier, habe kein Wort gesprochen, und das erste Mal, dass ich den Mund aufmache, ist, um mir selbst zu sagen, wie dumm ich bin. Wie kann ich so zu mir sein? Ich bin nett zu jedem, aber wie ist es möglich, dass ich mich selbst so behandle? Das zu erleben war wichtig, damit ich lernte, liebevoll zu mir zu sein. Wie soll ich mich selbst je wertschätzen – und wie sollen es andere tun?

Eine zweite wichtige Erfahrung habe ich beim Yoga im Freien machen dürfen. Es war erst mal nur eine einfache Beobachtung. Mir fiel auf, wie schwer es den Menschen fällt, von Insekten gestochen zu werden und nicht verbal zu reagieren. Die Moskitos haben uns extrem heimgesucht. Ich versuchte, mir zu sagen: Okay, ich bin in den Lebensraum der Tiere eingedrungen. Entweder, ich verzichte auf Yoga, oder ich halte es aus. Das war unangenehm, aber spannend, denn oft beschweren wir uns über Sachen, die wir nicht ändern können.

Ich meine es vollkommen ernst, wenn ich sage: Von einer Mücke gestochen zu werden und nicht die Möglichkeit zum Meckern zu haben ist etwas Gutes. Ja, wirklich! Denn oft meckern wir nur, um Mitleid von anderen zu bekommen. Dort habe ich realisiert, wie geil es ist, jemand zu sein, der sich nicht beschwert, sondern die Dinge einfach annimmt.

Damit meine ich nicht, dass man große Baustellen in seinem Leben nicht bearbeitet, denn genau deswegen war ich ja hier. Aber die kleinen – der Stau am Morgen, der Regen, wenn man eigentlich zum Strand will. So what? Auf der Yogamatte, schwitzend und von Mücken verfolgt, konnte ich mich in Gelassenheit üben. Annehmen, akzeptieren. Bald stresste mich ein Stich mehr oder weniger überhaupt nicht mehr. Durch das Retreat konnte ich Fähigkeiten in mir entdecken, von denen ich gar nicht wusste, dass ich sie habe.

Kommunikation ist mir extrem wichtig. Ich bin ein Mensch, der gern redet und dem die Menschen, glaube ich, gern zuhören. Hier durfte ich mit niemandem sprechen, musste den Mund halten und mich nur mit mir selbst auseinandersetzen. Wie schrecklich – und wie wundervoll zugleich. Jeder sollte einmal in seinem Leben diese Erfahrung machen. Es macht dich zu einem anderen Menschen. Du fühlst alles viel intensiver, du nimmst die Düfte stärker wahr, die Farben, die Geschmäcker, die Geräusche der Natur. Du hast keine Kopfhörer auf, es fährt keine U-Bahn an dir vorbei, die alles übertönt.

Ich bin ein sehr sensibler Mensch. Wenn jemand böse guckt, frage ich mich sofort, was habe ich falsch gemacht? Dort hatte ich das alles nicht. Denn ich war nicht gedanklich bei den anderen, ich dachte nicht über ihre Bewertungen nach, sondern war mit mir selbst beschäftigt.

Mit sonst nichts.

Was ich in der Zeit dort gemacht habe? Einfach sein. Ich atmete im Heilkräuter-Garten den Duft von Pflanzen ein. Lief durch den dichten Dschungel und die Reisterrassen und staunte. Suchte mir aus der Bibliothek spirituelle oder philosophische Bücher, die ich in der Hängematte las. Merkte, wie gut es tat, sich nur mit positiven Dingen zu umgeben. Ich weinte. Ich lächelte. Ich atmete. An der heiligen Quelle ließ ich fünfzehn Minuten das frische, klare Wasser über meinen Kopf und meinen Körper fließen. Es soll dich von deinen Sorgen befreien. Allein dort zu sitzen und zu überlegen, welche Dinge dich belasten und wie du sie loslassen könntest, ist eine großartige Übung. Du lernst dich und deine Grenzen so gut dabei kennen!

Wollte ich mir über etwas klar werden, lief ich durch ein Labyrinth aus heiligen Steinen. »Walk the Labyrinth« ist eine Chance, sich innerlich zu verbinden, Fragen zu stellen und Antworten zu erhalten. Beim Laufen dreht man sich jedes Mal um hundertachtzig Grad, wenn man einen anderen Rundgang betritt. Ändert man die Richtung, verlagert sich das Bewusstsein auch von der rechten Gehirnhälfte zur linken, hin und her. Drum herum befindet sich ein Kreis mit zehn großen Kristallen. Aus zehn Mini-Gebeten oder Mantras aus sieben spirituellen und religiösen Traditionen darf man sich eines aussuchen und sich damit beschäftigen, während man barfuß über das Gras läuft. Oder man bleibt bei jedem Kristall stehen, um leise das Dankgebet zu flüstern.

Nichts von dem, womit ich hier meine Zeit verbrachte, erfüllte einen Zweck im Sinne der Definition: Geld verdienen, etwas schaffen, erledigen, kreieren. Gerade deshalb hatte es eine ungeheure Kraft. Denn selten habe ich mich als Mensch so wertvoll gefühlt wie an diesem Ort ohne Worte.

Drei Tage hatte ich mir vorgenommen zu bleiben, sieben habe ich geschafft. Sieben Tage. Schweigend. Ich war ein verdammter Superstar! Ich habe länger ausgehalten, als ich dachte. Das war ein großes Erfolgserlebnis zu begreifen, ich kann das. Auch vorher wusste ich schon, dass ich diszipliniert bin, aber das Retreat hat es noch mal potenziert.

Eine Sache ist die Disziplin, um Leistung zu erbringen, die andere ist die Disziplin, um Nein zu sagen und sich für sich zu entscheiden. Aber wie kannst du dich für dich entscheiden, wenn du dich nicht kennst?

Es war wichtig zu checken, ich schaffe das alleine. Und ich liebe mich genug, um mir zu erlauben, mich um mich selbst zu kümmern.

Kapitel 7

Wenn Muße die Schwester der Freiheit ist, dann ist Depression die des Leistungswahns

Bis zu meinem Burn-out hatte ich immer nur gegeben. So viel, dass nicht mehr viel von mir übrig geblieben war. Energie. Möglichkeiten, Hoffnung. Erst durch diese heftige Krise habe ich gemerkt, ich muss mich besser um mich selbst kümmern, damit ich weiter am Leben bleibe.

Fest stand, dass ich gesundheitlich nicht mehr in der Lage sein würde, den Job in der Familienhilfe weiterzumachen. Ich begriff, dass das nicht hieß, ich hätte versagt, sondern dass diese Arbeit zu viel bei mir triggerte. Ich brauchte eine Aufgabe, die mir Freude bereitet. Damit ich nicht nur wieder gesund werde, sondern es auch bleibe. So habe ich angefangen, Dinge für mich zu finden, die mich persönlich erfüllten, von denen ich aber trotzdem leben konnte. Mein Fokus war nicht mehr die Berufsbezeichnung, sondern: Wie will ich leben?

Mein Beruf sollte nicht über mich bestimmen.

Sondern umgekehrt.

Heute kann ich sagen: Meine Arbeit macht mich sehr glücklich. Früher hätte ich nicht mal darüber nachdenken können, dass ich eines Tages dieses Buch schreiben würde. Wenn ich an die positiven Dinge glaube und mich darauf fokussiere, dann kommen sie zu mir. Diese Erfahrung habe ich in meinem Leben immer wieder machen dürfen. Wenn man mit der Einstellung durch die Welt geht, dass jeden Tag die unglaublichsten Dinge passieren können, dass in deinem Postfach vielleicht Nachrichten schlummern, die eigentlich zu gut sind, um wahr zu sein, dann erzeugt das Glücksgefühle. Ich richte meine Aufmerksamkeit nicht mehr darauf, mich zu sorgen, dass ich etwas nicht erreiche oder versagen könnte. Denn wäre es nicht viel schlimmer, irgendwann zurückzuschauen und nicht für meine Eltern da gewesen zu sein, zu wenig Zeit mit meinem Freund verbracht zu haben, als auf irgendeinen Titel oder eine Geldsumme zu verzichten?

Das ehrliche Gespräch mit meinen Ängsten ist für mich die Lösung, um mit ihnen klarzukommen. Anzuerkennen, sie werden immer da sein, als ein Bestandteil von mir. Nicht von meinem Leben und Handeln, aber von mir. Deshalb muss ich ihnen ungeschminkt, transparent und mit Respekt begegnen. Wenn sie sich bemerkbar machen, versuche ich ganz bewusst, sie nicht wegzuschieben. Manchmal lasse ich ihnen weniger Raum, manchmal mehr, auch wenn es unangenehm ist. Die automatische körperliche Reaktion ist, sie zu unterdrücken. Doch ich höre ihnen zu, um zu verstehen, woher sie kommen, was sie mir sagen wollen und ob sie im Hier und Jetzt irgendeine Berechtigung haben. Meistens haben sie aber viel mehr mit der Vergangenheit zu tun als mit der Gegenwart.

Früher habe ich gedacht, wenn ich dieses oder jenes nicht mache, wenn ich diesen Job nicht annehme, dann haben all die Kinder zu Hause nichts zu essen. Dann kam mein Burnout und lehrte mich, es ist auch eine Art, egozentrisch zu sein, wenn du denkst, die Dinge funktionieren nur, wenn du selbst sie machst. Es ist entlastend, nicht mehr zu glauben, man sei so wichtig und unersetzlich, dass ohne einen nichts läuft.

Das Wichtigste ist doch, am Leben zu bleiben. Alle guten Dinge kommen, wenn ich in meiner Energie bleibe. Wenn ich jedoch davon abweiche und nur leistungsorientiert denke, mich an Summen oder Zertifikaten orientiere, dann läuft es schief.

Viel nachhaltiger ist es, darauf zu achten, was mein Bauchgefühl mir sagt, mich auch mal gegen etwas zu entscheiden. Und damit für mich.

Heute kann ich mir Dinge gönnen. Auch wenn es sich nie ändern wird, dass ich bei allem, was ich tue, die Verbindung zu meinen Leuten zu Hause spüre.

Einfach sein

Wir leben in einer Welt voller Möglichkeiten, aber das heißt für mich ebenso wie für viele andere oft, sich zu verausgaben bis zum Burn-out. Wenn die Muße die Schwester der Freiheit ist, wie Sokrates gesagt haben soll, dann ist die Depression die des Leistungswahns.

Seit ich verstanden habe, dass dabei auch meine Gesundheit auf der Waagschale liegt, bin ich sehr gut im Verhandeln geworden. Es sind Frauen wie Flavia, der ich damals bei den *Millennium Dreamers* begegnete, die mir gezeigt haben, wie man klar für sich festlegt, welche Sachen nicht verhandelbar sind. Von ihr habe ich gelernt, für Dinge einzustehen, weil ich gesehen habe, es gibt Frauen, die Global Leader sind und es genauso machen. Es ist möglich, erfolgreich zu sein und trotzdem ein Herz zu haben. Deshalb erlaube ich mir, die

Dinge so zu gestalten, dass sie mich nicht wieder an meine Grenzen bringen – auch auf die Gefahr hin, dass ich den Job mal nicht machen kann. Vor allem aber mag ich mich selbst genug, um mir diese Wichtigkeit zu geben – und mir zu sagen: Ich werde auch nächstes Jahr noch die Chance haben, Jobs zu machen, jetzt muss ich mich ausruhen.

Heute schaffe ich es, mich klar für mich zu entscheiden, und mir zu sagen: Ich bin jetzt drei Wochen mit meinem Freund unterwegs. Was kann gerade wichtiger sein, als dass ich glücklich bin und diese Zeit mit ihm verbringe? Wenn es nicht warten kann, muss es jemand anderes machen.

Das sind diese Dinge, die mich sehr glücklich machen. Zu begreifen, ich liebe, was ich tue, und ich könnte nichts anderes machen. Aber ich darf auf mich und meine Kraft achten. Und auf die Frage »Was machst du heute?«, auch mal antworten: »Ich werde einfach sein, nur das.«

Zu den Dingen, die ebenfalls nicht mehr verhandelbar sind, gehört auch Zeit am Meer. Wenn ich den Kindern von CAMM versprochen habe, dass wir einen Ausflug an den Strand machen, und sie freuen sich seit Wochen darauf, dann lasse ich alles andere dafür stehen und liegen. Denn genau darum geht es: diesen Kindern Dinge zu ermöglichen, die für andere auf der Welt die Normalität sind. Wenn sie zum ersten Mal dort sind und man in ihre glücklichen Gesichter blickt, wenn sie kreischend vor Freude mit den Füßen in der sanften Brandung stehen, ist das unbezahlbar.

Auch für mich sind diese Momente in Linha do Tiro extrem wichtig. Laufe ich nicht mindestens einmal im Jahr barfuß durch die Favela, verliere ich die Verbindung zu meinen Wurzeln. Ich brauche das. Denn ich kann nur ein Sprachrohr sein und authentisch davon erzählen, wenn ich mich auch dort bewege. Wenn ich nah dran bin an den Geschichten der Kinder, an ihrem Lachen und an ihren Tränen.

Darum ist es nicht immer etwas Schlechtes, etwas nicht zu Ende zu bringen. Habt keine Angst, etwas abzubrechen, habt keine Angst, den Job zu wechseln! In Deutschland gucken alle traurig, wenn man sagt, man hat sein Studium hingeschmissen. Als sei man verpflichtet, sein ganzes Leben von der Geburt bis zum Tod schon durchorganisiert zu haben und der Agenda zu folgen. Wenn man das macht, gilt man als erfolgreich und zielstrebig, aber ich glaube nicht daran. Man sollte versuchen, sich seine Träume zu erfüllen. Auch wenn du immer dachtest, es sei dein Traum, etwas Bestimmtes zu tun, und dann merkst, nein, das ist es nicht, lass es! Um Erfahrungen zu machen, musst du Sachen abbrechen, dich ausprobieren. Ich kann nur jedem empfehlen, mutig zu sein und einfach etwas zu wagen.

Wisst ihr, wie viele gedacht haben, ich bin komplett bescheuert, als ich angefangen habe, mich als Greenfluencerin zu beschreiben? »Was, du machst deinen Master, um auf Instagram zu arbeiten? Dein Ernst?« Ja, weil es mich glücklich macht und mir ermöglicht, meinen Traum zu leben!

Egal, was deine Eltern oder die Gesellschaft sagen: Folge deinem Gefühl, und tue, was sich richtig anfühlt. Weil es meinen Traumberuf noch nicht gab, habe ich ihn mir selbst erschaffen.

An diesem Scheidepunkt meines Lebens erkannte ich erst in seiner ganzen Dimension, welchen Wert die Spiritualität für mich hat. Sie half mir in dieser Zeit vor allem in beruflicher Hinsicht dabei, zu dem zurückzufinden, was ich immer gewollt hatte, und mit Mut und Vertrauen mein Ziel zu verfolgen. Spiritualität bedeutet, mich sicher zu fühlen, egal, in welcher Situation ich mich befinde – in meinen Entscheidungen und im Leben.

Von Kindesbeinen an war sie ein Teil von mir. Doch als ich nichts anderes mehr tat, als zu funktionieren, hatte ich aufgehört, auf das zu hören, was ich immer instinktiv gespürt hatte. Ich ging darüber hinweg und machte weiter. Erst als ich innehielt und der Lärm in mir verhallte, kam dieses Vertrauen zurück. Es war immer wie selbstverständlich da gewesen, und so hatte ich seinen Wert nicht erkannt, nicht gewusst, wie wesentlich es für mein Fühlen und Handeln ist, für den Weg, den ich gehe.

Ich glaube fest daran, dass es ein Universum gibt, einen Gott, mit dem ich mich sehr verbunden fühle, ganz egal, wie er heißt oder wie er aussieht. Manchmal träume ich Sachen, die dann tatsächlich passieren. Denn das Universum enttäuscht mich nie. Vielleicht funktioniert es nicht für jeden, aber für mich ist es definitiv einer der Bausteine, um glücklich zu sein. Meine Verbundenheit mit dem Universum sagt mir immer, wo es langgeht. Es gab nie etwas, wonach ich gefragt habe und das nicht eingetreten wäre. Oftmals wird mir das erst im Nachhinein bewusst. Darum muss ich genau darauf achten, was ich will und was ich mir wünsche. Denn es könnte wahr werden.

Das Universum hat schon »Ja« gesagt. Man sagt, dass eine Emotion die Spiegelung des Verstandes im Körper ist. Aber manchmal gibt es einen Konflikt zwischen den beiden: Der Verstand sagt »Nein«, und das Gefühl sagt »Ja« – oder umgekehrt. Wenn man Schwierigkeiten hat, seine Emotionen zu erfühlen, dann beginnt man am besten damit, seine Aufmerksamkeit auf das innere Energiefeld seines Körpers zu richten.

Man wird wissen, wo man es spürt, wenn man beginnt, in sich hineinzuhorchen. Sobald wir uns auf unser körperliches Empfinden fokussieren und die logischen Gedanken ausschalten, wissen wir meist bereits, was wir brauchen und wollen. Manchmal muss man sich auf diese innere Stimme verlassen und ihr vertrauen. Nicht immer wird es uns sinnvoll erscheinen, doch uns auf unser Urvertrauen zurückzubesinnen, ist wohl eine der stärksten Kräfte, die wir für uns selbst entfalten können.

Für mich bedeutet Spiritualität daher alles. Ohne sie könnte ich meinen Alltag nicht bewältigen. Ich kenne unzählige Menschen, unter ihnen sehr erfolgreiche, denen es genauso geht. Wir müssen wieder mehr vertrauen, in uns selbst, in unsere Intuition, unseren Instinkt und unser Bauchgefühl. Wann haben wir aufgehört, auf uns zu hören?

Ich möchte von einem Beispiel erzählen: Ein Ehepaar aus Brasilien pflanzte auf einem Gebiet von sechs Quadratkilometern einen neuen Regenwald an, 2,7 Millionen Bäume in zwanzig Jahren. Nun leben und wachsen dort 293 verschiedene Baum- und Pflanzenarten, 172 Vogelarten und 33 Säugetierarten kehrten zurück. Mittlerweile beeinflusst der Regenwald das Wetter der Region positiv. Ein riesiger Erfolg. Und all das entstand durch zwei Menschen, die an etwas geglaubt und eine Entscheidung getroffen haben.

Sobald wir das für uns selbst Richtige tun, werden wir vom Universum dafür belohnt. Alles geht uns so viel leichter und freudvoller von der Hand, wenn wir wissen, dass wir auf dem richtigen Weg sind. Doch ich habe in meinem Leben auch gelernt, dass Veränderung und Wandel nicht einfach so passieren, wir müssen selbst aktiv werden. Und die traurige Wahrheit ist, niemand will Teil des Prozesses sein. Es sind nur wenige Leute, die so stark an sich selbst und ihre Bestimmung auf dieser Welt glauben, dass sie tatsächlich den Mut zusammennehmen und losgehen, um dem Leben zu vertrauen. In einer Welt voller Ablenkungen ist es fast unmöglich, die leise innere Stimme wahrzunehmen. Der Schrei der Welt übertönt sie allzu oft.

Das Gleiche gilt für die Gedanken. Mit jedem positiven Gedanken pflanzt man einen Samen und bekommt positive Gefühle, Emotionen und Erfahrungen zurück. Dies funktioniert leider ebenso zuverlässig bei negativen Gedanken. Was man pflanzt, hat einen Einfluss auf das Leben, das man aufbaut, und die Realität, die man für sich kreiert. Positiv denken, die Dinge positiv sehen, so funktioniert das Spiel des Lebens. Es gibt natürlich in jeder Biografie negative Erlebnisse, aber wenn man genau hinsieht, erkennt man, dass nie nur Schlechtes daraus entsteht. Durch den Tod meiner Freundin fing ich an, mich zu engagieren, und bekam den Award. Durch mein Burn-out entschied ich mich, weniger in der Frontlinie als Aktivistin zu kämpfen und mehr auf der Ebene der Multiplikatorin zu arbeiten.

Es gibt immer zwei Seiten einer Geschichte, die das Leben so entscheidend verändern. Diese Perspektive zuzulassen kann jedoch lange dauern.

Kürzlich erhielt ich einen Anruf. Eine sechsstellige Summe sollte ich bekommen, damit ich eine Woche lang ein Casino auf Instagram promote. Eine absurd hohe Summe. »Domitila, du kannst etwas so Krasses machen«, sagte mein Kopf. »Du brauchst das Geld für CAMM, so eine Chance kommt nie wieder!« Ich bin nicht reich. Ich bin weit davon entfernt, reich zu sein. Das ist verdammt viel Geld, um eine Woche lang so gut wie nichts tun zu müssen. Meine Antwort lautete dennoch: Nein. Denn wie soll ich ein guter Mensch sein, wenn ich das annehme?

Ich habe viele Familien gesehen, die durch Spielsucht kaputtgegangen sind, und möchte dazu nichts beitragen. Aber der wahre Grund, warum ich abgesagt habe, war vor allem mein Bauchgefühl. Woher kommt das? Schwer zu sagen. Es ist wie eine innere Stimme, die lauter wird, wenn ich mich unwohl fühle. Oft ist mir in dem jeweiligen Augenblick noch nicht klar, was mich abhält, aber irgendwann wird es mir bewusst, oft erst viel später. Darum war die Entscheidung richtig!

Es wird einige Male in meinem Leben geben, wenn alle meine Instinkte mir sagen, dass ich etwas tun soll. Etwas, das sich der Logik widersetzt, meine Pläne durcheinanderbringt und für andere verrückt erscheint. Wenn das passiert, mache ich es. Ich höre auf meine innere Stimme! Ich ignoriere die Logik, ignoriere die möglichen Komplikationen und mache es einfach!

All das musste ich jedoch erst mal mühsam lernen. Es gab keine Frau mit meiner Hautfarbe, mit meinem Akzent oder meiner sozialen Herkunft, die es ähnlich gemacht hat, die mein Role Model hätte sein können. Es ging nicht mit *Copy and Paste*, ich musste alles selbst gestalten, entwickeln und aufbauen. Und mich dabei vor allem so wohlfühlen, damit ich nicht wieder ein Burn-out bekomme. Es war nicht einfach, aus einer Welt aus pauschalen Meinungen und vorgefertigten Definitionen von Karriere, Erfolg und Gesundheit auszusteigen – und vollkommen authentisch zu sein. Aber ich habe mich getraut und mir die Realität kreiert, die ich leben will.

Selbstliebe

Dort, wo ich es immer sehen kann, auf der Innenseite des Handgelenks, wo man den Puls spürt, habe ich mir das Wort *Selfcare* tätowieren lassen. Als tägliche Erinnerung. Damit ich es nie vergesse. Denn mir ist klar, dass ich mich nicht immer lieben werde. Es wird Tage geben, an denen ich mich hassen werde, und das ist auch okay. Aber ich muss mich trotzdem um mich kümmern, egal, was ist. Dafür steht dieses kleine Wort mit seiner immensen Bedeutung. Inzwischen weiß ich sehr genau, was ich tun muss, wenn der Lärm der Welt meine innere Stimme übertönt. Und ich erlaube mir, dem nachzugehen.

Durch meine Großmutter habe ich gelernt, dass die Natur auch Heilung bedeutet. Weil sie fest daran glaubte, dass die Götter in der Natur selbst zu finden sind, und es mir sehr anschaulich vermittelte, kann ich bis heute das Heilige wahrnehmen, wenn ich draußen bin. Die immaterielle pure Kraft ist überall in der Natur zu spüren, im Stamm der Bäume, im Wind, in den Wellen. Wenn mir alles zu viel wird, gehe ich raus in die Natur. Es gab noch nicht einen Tag, an dem ich am Strand war und unglücklich wieder nach Hause gegangen bin. Ich liebe es, am Meer zu sein, und ich wünsche mir, dass viele Generationen das noch erleben können. Das Meer steht für mich für Lebendigkeit, Schönheit und Freiheit. Wenn ich darin schwimme, spüre ich die Energie. Auch wenn ich vom Wandern in den Bergen zurückkomme, fühle ich mich jedes Mal, als sei ich stärker als die ganze Welt. Weil ich es ganz bis nach oben geschafft habe.

Auf der anderen Seite erdet es mich auch. Wenn ich auf dem Gipfel stehe, merke ich, wie unwichtig ich bin, nur ein winziges Staubkorn auf der unendlich weiten Erde.

Der größte Luxus ist diese Offline-Zeit in der Natur. Sie ist schon immer meine Heilung gewesen.

In meiner gesamten Kindheit habe ich nicht eine einzige Tablette genommen. Fühlte ich mich nicht gut oder war krank, machte meine Oma mir Tee aus selbst gesammelten Kräutern oder führte ein spirituelles Ritual durch. Wenn ich Kopfschmerzen hatte, nahm sie Petersilienzweige und sprach ein leises Gebet, dabei zeichnete sie Kreuze in die Luft. Ihre sanfte Stimme klang in meinen Ohren wie Musik, und der aromatische Duft der Heilpflanzen beruhigte mich. Für meine Oma waren ausgleichende und reinigende Kräuter die wichtigsten Heilmittel. Sie segnete mich damit, um jeden schlechten spirituellen Einfluss und jedes Energieungleichgewicht abzuwehren.

So war ich ganz und gar offen und ohne Vorbehalte gegenüber allem, was die Heilpraktikerin, zu der ich nun ging, um wieder zu Kräften zu kommen, mir vorschlug. Durch sie habe ich alternative Heilmethoden kennenlernen dürfen, die mich bis heute begleiten und mir geholfen haben, aus der Erschöpfung zu finden und die Entzündung in meinem Bauch nicht nur symptomatisch zu behandeln, sondern ganzheitlich. Auch diese Dinge hätte ich zuvor in den Bereich »Luxus« eingeordnet, bevor ich mich näher damit befasst habe und verstand, dass es um Gesundheit geht.

Von Reiki hörte ich zum ersten Mal. Es hat seinen Ursprung in Japan, der Begriff bedeutet übersetzt »universelle Lebensenergie«. Die Idee dahinter ist, dass diese Energie durch einen Praktizierenden kanalisiert und auf andere Personen übertragen werden kann, um körperliche, geistige und emotionale Gesundheit zu fördern. Die Prinzipien von Reiki sind eng mit dem Glauben verbunden, dass Krankheiten und Unwohlsein auf blockierte oder unausgeglichene Energieflüsse im Körper zurückzuführen sind. Mithilfe von Handpositionen und Berührungen sollen sie im Körper harmonisiert und gestärkt werden, um die Selbstheilungskräfte anzuregen. Reiki betrachtet den Menschen als Ganzes. Physische, mentale, emotionale und spirituelle Aspekte spielen eine Rolle.

Anfangs war es mir nicht ganz klar, was ich von dieser Methode erwarten sollte. Doch es ging mir schlecht genug, um mich für alles zu öffnen, was meinen Zustand verbessern könnte. Als ich mehr über Reiki las, stieß ich auf Geschichten von Menschen, die ähnlich wie ich mit Stress und Erschöpfung zu kämpfen hatten und dadurch Erleichterung erfahren haben. Bei meiner ersten Sitzung begann der Reiki-Praktizierende, seine Hände über meinem Körper zu bewegen, ohne mich zu berühren. Mit den folgenden Behandlungen bemerkte ich kleine Veränderungen. Die Anspannung in meinen Schultern und im Nacken lockerte sich. Aber vor allem beruhigten sich meine Gedanken. Reiki half mir, meine innere Ruhe wiederzufinden. Vorher wusste ich nicht, dass es in Brasilien offiziell als Heilmethode anerkannt wird. Die Menschen dort haben nur die Option, sich privat versichern zu lassen oder in ein öffentliches Krankenhaus zu gehen, in dem die Versorgung kostenlos ist. Wenn du in einer Favela lebst und dich für eine Reiki-Therapie entscheidest, kannst du sie also dort umsonst bekommen. Das finde ich großartig, denn für mich hat diese Methode eine wichtige Rolle bei meiner Genesung gespielt.

Es tat mir gut, mich um mich selbst zu kümmern. Ich hatte das Gefühl, aktiv etwas dafür zu tun, dass ich gesund wurde. Und das war entscheidend.

Drei Jahre habe ich studiert, um den Bachelor zu bekommen. Drei Jahre für den Master, drei Jahre Foucault und Marx. Dann diese drei Jahre Psychotherapie, um etwas über mich zu lernen. Alles braucht Zeit, auch die Heilung. Es war eine Phase, die ich durchstehen musste, um Klarheit zu gewinnen. Darüber, wie ich mit Konflikten umgehen will, welchen inneren Dialog ich mit mir selbst führen möchte. Aber irgendwann sollte dieses Kapitel auch abgeschlossen sein. Ich will nicht ein Leben lang Patientin sein. Meine Depression und mein Burn-out waren eine Episode. Das zu verstehen war wichtig. Was ich aber nie wollte, war, in irgendeinen Identitäts-Luxus-Bullshit einzusteigen. Mich fortan nur noch um mich selbst zu drehen und von einem Life Coach zum nächsten zu stolpern, um die bessere Version meiner selbst zu werden. Dafür hatte ich weder das Geld noch die Kapazitäten. Vor allem aber fehlte mir der Glaube daran, damit mir oder jemand anderem etwas Gutes zu tun. Nein, ich wollte nicht endlos um mein eigenes Zentrum kreisen, ohne je anzukommen. Ich wollte meine wiedergewonnene Kraft nutzen, um Aufgaben zu lösen.

Natürlich hatte ich aus meiner Vergangenheit gelernt, aus all diesen Erfahrungen. Um nicht wieder in alte Muster zu fallen, war es für mich wichtig, in konkreten Situationen zu hinterfragen: Ist das hier gerade die Domitila mit dem Selbstbewusstsein, das sie inzwischen entwickelt hat, mit den Erfahrungen, die sie in den letzten Jahren sammeln durfte? Oder ist das die kleine Domitila, die sich fürchtet, am Ende unter der Brücke zu landen? Anstatt mir immer wieder vor Augen zu führen, was mich geprägt hat, machte ich mir klar: Diese kleine Domitila existiert nicht mehr. Die Frau, die jetzt entscheidet, tut es nicht aus der Angst heraus. Vor zwanzig

Jahren hätte ich es vielleicht anders gemacht, aber heute mache ich es genau so. Ich habe mich verändert, ich durfte wachsen, und die Werkzeuge, die ich in schwierigen Situationen benutze, sind nicht mehr dieselben.

Es käme mir vermessen vor, mein ganzes Sein durch das zu erklären, was mir passiert ist. Falsch wäre es außerdem. Wenn wir über die ganze Welt sprechen, ist mein Fall keine Besonderheit. Es ist eine kollektive Erfahrung, die ich mit vielen teile. Deshalb ist es für mich so wichtig, zu relativieren und über Fakten zu sprechen. Bei den Reisen, die ich inzwischen machen durfte, habe ich erkannt, dass in Afrika, in Asien, in Osteuropa unendlich viele Menschen leben, die Ähnliches erlebt haben. Diese weite Perspektive hilft, auch gedanklich seine Blase zu verlassen – um mit weniger Ängsten weiterlaufen zu können.

Jedes Jahr halte ich viele Vorträge, um andere zu motivieren und ihnen Wege aufzuzeigen, sich ebenfalls zu engagieren. Bei allen Chancen, die ich hatte, habe und haben werde, steht meine Lebensaufgabe im Mittelpunkt. Mich für Nachhaltigkeit und soziale Gerechtigkeit einzusetzen. Ich finde keine innere Ruhe, wenn ich all das, was ich gesehen und erlebt habe, nicht weitergebe.

Nie mehr möchte ich an den Punkt zurückkehren, wo ich mich habe aussaugen lassen, an dem ich nichts mehr gespürt habe. Nur Taubheit und Leere. Es war die dunkelste Episode meines Lebens. Trotzdem hat mir mein Burn-out geholfen herauszufinden, was ich wirklich machen möchte. Dafür bin ich dankbar. Ich musste viel dafür tun, damit ich nicht wieder in so eine Situation hineingerate. Um gesund zu bleiben. Doch nun darf ich mich mit Menschen umgeben, die mir Kraft geben. An Orten, die mir guttun.

Wenn ich heute zurückgehe, nach Linha do Tiro, wo ich aufgewachsen bin, gibt es mir Kraft.

Kampfkraft. Lebenskraft.

Ich lege den Kopf in den Schoß meiner Mutter, lade bei ihr meine Energien wieder auf. Wenn ich bei ihr bin und sie mich in den Arm nimmt, ist die Welt in Ordnung. Doch meistens sind wir Tausende von Kilometern voneinander entfernt. Dann gebe ich mir selbst eine Umarmung. Nicht im wörtlichen Sinne, aber, indem ich mir etwas Gutes tue. Ein größeres Geschenk gibt es nicht.

Kapitel 8

Dankbar zu sein heißt nicht, sich mit wenig zufriedenzugeben

Aus meinem Umfeld habe ich früher oft gehört, Frauen meiner Herkunft würden nicht alt genug werden, um glücklich zu leben. Wir rackern uns ab, ziehen zehn Kinder groß, opfern uns für andere auf, und wenn wir endlich Zeit hätten, das Leben zu genießen und mal an uns selbst zu denken, dann sterben wir. Dieser Satz hat mich begleitet, weil er mich darin bestärkt hat, jeden Tag so zu leben, als wäre er der letzte. Ich wollte meine eigene Realität kreieren, ich wollte Geschichte schreiben. Wenn ich heute gefragt werde, was die großen Ziele in meinem Leben sind, dann steht an vorderster Stelle, glücklich zu sein – gerade weil mir so oft suggeriert wird, ich sollte mit dem zufrieden sein, was ich habe. Weil es für die Menschen, die dort herkommen, wo ich herkomme, unerreichbar scheint.

Aber so blicke ich nicht auf die Dinge. Schon immer wollte ich so viel mehr. Dankbarkeit bedeutet nicht, sich mit wenig zufriedenzugeben. Das meine ich nicht im materiellen Sinne. Für mich bedeutet es, das Beste aus der Zeit zu machen, die uns geschenkt wurde. Sich nicht an dem zu messen, woher man kommt, sondern sich nach dem auszustrecken, wonach man sich sehnt. Ganz egal, was es ist und wie unerreichbar es erscheinen mag.

Meine Ausgangsposition, um Großes zu erreichen, war allerdings erst mal eine recht bescheidene. Als ich aus Bali zurückkam, zog ich mit einer engen Freundin in eine Laube in einer Kleingartenkolonie in Spandau. Wir hatten beide keine Lust mehr auf kaputte Wohngemeinschaften, fanden aber keine bezahlbare Wohnung.

Ein bisschen war es wie in einer Favela in Deutschland: Manchmal wurde der Müll nicht abgeholt, nicht immer hatten wir Strom, es gab keine Heizung. Dafür immerhin fließendes Wasser und einen Kamin.

So nah an der Idee von einem eigenen Haus in der Natur bin ich nie zuvor und nie danach gewesen. Ich liebte es, draußen zu sein, Äpfel von unserem eigenen Baum zu pflücken. Laut sein zu dürfen, weil wir nicht Wand an Wand mit jemandem wohnten. Aber das Tollste war, sich auf die Wiese im Garten zu setzen und zwischen summenden Bienen und zwitschernden Vögeln zu meditieren.

Eine sehr schöne Zeit.

Wenn ich mich an diese beiden Jahre zurückerinnere, dann waren sie geprägt von viel Lachen. Wir zwei mit Farbklecksen im Gesicht und Akkubohrer in der Hand, als wir diese marode Hütte renoviert haben. Und uns in diesem Moment mal ganz kurz wünschten, nicht diese starken emanzipierten Frauen zu sein, die alles allein können und keine Hilfe brauchen. Damals hatte ich schon begonnen, als Greenfluencerin, Speakerin und Beraterin mein Netzwerk aufzubauen, ich kannte ein paar einflussreiche Leute, die sich sicher etwas anderes darunter vorstellten, wenn ich sagte, dass ich »in einem Haus mit

Garten in Spandau« lebte. Wir haben oft Witze darüber gemacht: Man kennt die Crème de la Crème der Gesellschaft und hockt ohne Heizung in einer Gartenkolonie. Aber wir mochten unser bodenständiges Happy-Hippie-Leben. Manchmal kam es mir merkwürdig vor, in diesem urdeutschen Konstrukt zu wohnen, wo die Leute genau gucken, was du in den Müll geschmissen hast. Ab und zu haben wir sogar Briefe vom Vereinsvorstand bekommen, dass unsere Hecke nicht so geschnitten war, wie sie hätte sein sollen. Dabei haben wir uns viel Mühe gegeben, alles richtig zu machen.

Die Vereinsvorsitzende, die regelmäßig mit strengem Blick und Notizblock herumlief und alles kontrollierte, ließ uns seltsamerweise meist in Ruhe. Vielleicht hatte sie Angst vor uns. Wer waren diese beiden Women of Color, und was machten sie hier? Zwei Afrodeutsche mit einem kleinen Hund – für die Kleingarten-Chefin waren wir sicher zwei Fremdkörper in ihrem sonst so einheitlichen Mikrokosmos. Darum versuchten wir, nicht negativ aufzufallen. Höchstens haben wir manchmal ein bisschen böse geguckt, wenn sie vorbeikam, damit sie uns in Frieden ließ. Was offenbar eindrucksvoll war, denn sie hat sich nie getraut zu meckern.

Andere Leute in unserem Alter gab es kaum. Nur Familien oder Rentner. Viele darunter, die extrem einsam waren. Dass alte Menschen so alleingelassen werden und gar nicht in die Familie eingebunden sind, hat mich betroffen gemacht. Wir halfen ihnen beim Tragen der Laubsäcke, brachten selbst geerntete Äpfel vorbei. Unser Parzellennachbar hieß Werner, war schon etwas älter und unglaublich nett, innerhalb kurzer Zeit waren wir die besten Freunde. Wir waren immer für ein Gespräch oder einen Spaß zu haben. Unsere bunte und fröhliche Art täte ihm gut, sagte er oft. Obwohl er zuvor keine

Berührungspunkte mit Diversität und Leuten wie uns hatte, verstanden wir uns extrem gut.

Werner war auch sehr hilfsbereit und hatte das coolste Equipment an Gartengeräten, das wir uns immer ausleihen durften. Er erklärte uns, wie man den Apfelbaum beschneidet und wie die Sache mit dem Kompost funktioniert. Wir gaben ihm Lachen und Leichtigkeit, er zeigte uns, wie das Leben dort, wo er sich am besten auskannte, funktionierte. So verschieden wir auch waren, haben wir eine wunderbare Ebene gefunden, voller Respekt und Wertschätzung. Wir haben uns gegenseitig unterstützt und ergänzt.

Das machte uns das Leben in der Kleingartensiedlung leichter. Kann sein, dass unter den Nachbarn Leute waren, die zunächst Vorbehalte uns gegenüber hatten, aber wenn du hilfsbereit bist und Offenheit signalisierst, wendet sich das Blatt ganz schnell. Dann ist es vorbei mit all den Ressentiments – wie so oft, wenn Menschen aufeinander zugehen und reden. Aber man selbst ist eben auch nicht frei von Vorurteilen. Das ist etwas, das ich in meiner Schrebergarten-Zeit gelernt habe. Es waren wichtige Erfahrungen, die ich dort sammeln durfte – inmitten all der strengen und für mich manchmal sehr lustigen Regeln des Bundeskleingartengesetzes.

Freiheit, Augenhöhe, Gleichberechtigung

Wenn ich nicht gerade im Beet Unkraut rupfte oder Kräuter pflanzte, lernte ich für den Einbürgerungstest. Obwohl ich meinen Master auch in Deutsch verteidigt hatte, musste ich dafür dennoch meine Deutschkenntnisse erneut unter Beweis stellen und die komplette Geschichte des Landes auswendig lernen. Das war vielleicht die schwierigste Prüfung, die ich je gemacht habe, fast anspruchsvoller als die Klausuren an der Uni. Ich habe gelernt wie eine Wahnsinnige.

Und habe bestanden.

Doch es war nicht so, dass ich nun einfach die Einbürgerungsurkunde abholen, mir den Pass ausstellen lassen und mich freuen konnte. Wegen irgendeiner Formalie wurde ich ins Bürgeramt einbestellt. Nachdem ich eine halbe Ewigkeit auf einen Termin gewartet hatte, informierte mich die für mich zuständige Sachbearbeiterin mit triumphierendem Blick darüber, dass die Übersetzung irgendeines Dokuments fehlte.

Frau Z. Wenn ich den Namen lese, ballen sich meine Hände unmerklich zu Fäusten, und ich muss gegen das Knäuel in meinem Bauch anatmen. Sie war diejenige, die über mich und meine Situation entscheiden durfte, sie hatte die Macht und wollte mir das auch zeigen. Wann immer ich mit Menschen in so eine Situation komme, verstehen wir uns nicht besonders gut, vorsichtig ausgedrückt. Man sieht mir meine Abwehr an, meine Wut und mein Unbehagen. Die andere Person straft mich, indem sie ihre Position ausspielt. Du willst den Stempel? Dann ordne dich unter, und spiele nach meinen Regeln!

Ich konnte es nicht. Es war so unfair, dass man sich jahrelang den Hintern aufreißt, und dann bestimmt irgendeine Person, die sowieso keinen Bock auf dich hat, über dein Leben. Situationen, in denen ich keinen Einfluss darauf habe, wie die Sache ausgehen wird, sind für mich extrem angstbesetzt und nicht leicht zu ertragen. Frau Z. war karmisch betrachtet ein riesiges Thema in meinem Leben. Sie stand für so vieles, gegen das ich anzukämpfen hatte. Mehrmals ging ich zu ihr, jedes Mal fehlte etwas. Mir kam es so vor, als würde sie völlig willkürlich Gründe erfinden, mir den Pass nicht auszuhändigen. Es kostete mich von Mal zu Mal mehr Überwindung, zu den Terminen zu gehen. Sie gab sich viel Mühe, mich kleinzumachen, gab mir das Gefühl, ich solle dankbar sein, dass ich überhaupt in ihrer Gegenwart sein durfte. Wenn sie mir dieses wichtige Papier geben sollte, mit dem ich offiziell Deutsche werde, dann muss ich gefälligst auch zu der Deutschen werden, die sich anpasst.

Es wurde so schlimm, dass ich meine Therapiestunden bald vor die Termine bei Frau Z. legte, um ihr wenigstens einigermaßen gestärkt begegnen zu können. Ich hatte Angst vor dieser Frau, gleichzeitig war sie aber so wichtig für mein Leben. Würde die Situation eskalieren und ich mein Leben proaktiv zerstören, indem ich irgendetwas sagte, das ihr nicht gefiel? Offenbar tat sie sich schwer damit, andere zu unterstützen, solange sie sich in ihrer Position nicht genug gewürdigt fühlte. Ein Selbstwertthema, das bei diesem bürokratischen Vorgang mitverhandelt wurde. Das zu checken machte es mir leichter, mehr »danke« und »bitte« zu sagen, damit Frau Z. aufhört, mir das Leben schwer zu machen.

Beim nächsten Anlauf in der Behörde schluckte ich meinen Zorn herunter, trat in das Hoheitsgebiet meiner Sachbearbeiterin ein und lächelte freundlich: »Guten Morgen, Frau Z.! Ich habe alles erledigt, worum Sie mich gebeten haben. Gibt es noch etwas, das ich tun kann?« Es war schwer, die Klappe zu halten, aber ich brauchte dieses verdammte Papier. Sonst hätte ich meinen Koffer packen und nach Brasilien zurückkehren müssen. Als ich das Spiel durchschaute, konnte ich meine Rolle spielen, ohne auszuflippen.

Mit dem Pass veränderte sich alles. Es wäre immer schwierig für mich gewesen, so viel für eine Gesellschaft zu leisten, wie ich es bei der Familienhilfe getan hatte, solange ich nicht darin integriert war. Ich rieb mich für etwas auf, von dem ich noch nicht mal ein Teil war. Ich wollte nicht nur meinen Frieden haben und arbeiten können, was ich will, sondern auch, dass in meinem Kopf ankommt: Wenn ich hier so vielen Menschen helfe, dann will ich auch dieselben Rechte haben wie alle anderen.

Und als ich die hatte, passierte auch in meinem Inneren etwas. Vorher lebte, arbeitete und sozialisierte ich mich in einer Gesellschaft, in der ich aber nicht denselben Status wie die anderen hatte. Dadurch hatte ich das Gefühl, mich in einer öffentlichen Situation nicht so offen äußern zu dürfen wie andere. Etwa, wenn jemand in der U-Bahn meine Haare ungefragt anfasste, weil sie doch so lustig aussahen und man mal wissen wollte, wie die sich anfühlen. Natürlich sollte niemand aufgrund seines Aussehens diskriminiert werden – egal, ob er die deutsche Staatsangehörigkeit hat oder nicht. Aber nun fiel es mir leichter, mich laut zu wehren. Denn jetzt war ich genauso eine deutsche Bürgerin wie die Person, die gerade eine Grenze überschritten und meine Haare berührt hatte.

Der Pass war aber auch wichtig, um mich frei zu bewegen. Ich wollte nicht länger in einem Ausnahmezustand leben mit der ständigen Angst, abgeschoben zu werden. Als mein Vater einmal ins Krankenhaus kam, konnte ich nicht einmal nach Hause fliegen, um ihn zu besuchen, denn ich durfte Berlin nicht verlassen. Zu der Zeit war ich nur geduldet, so der offizielle Status, aber so fühlte es sich für mich auch an: geduldet zu sein, aber nicht unbedingt willkommen. Damals habe ich mir Papas Unterschrift auf mein Handgelenk tätowieren lassen, um ihm nahe zu sein, als ich es physisch nicht konnte. Mein Opa lag in dieser Zeit im Sterben und ist schließlich gestorben, ohne dass ich mich von ihm verabschieden konnte.

Nun den Pass in den Händen halten zu können bedeutete Freiheit. Die Freiheit, nach Hause fliegen zu können, wann immer ich möchte. Ich musste erst all diese Hürden nehmen, um diesen Status zu bekommen – um frei leben zu können.

Gott sei Dank kam ich nicht in die Situation, mich für eine Staatsbürgerschaft entscheiden zu müssen. Ich durfte beide Pässe behalten. Von mir fiel ab diesem Zeitpunkt vor allem deshalb eine große Last ab, weil ich mich nicht mehr dauernd in einer Risikosituation befand. Ich konnte mich mit einem ganz neuen Gefühl bewegen. Es war das von Frieden und Gleichberechtigung. Einem gängigen Vorurteil, das ich so oft in den Blicken und Kommentaren gelesen hatte, konnte ich nun noch mehr entgegensetzen. Nein, ich bin nicht nach Deutschland gekommen, um zu heiraten. Ich bin genauso Bürgerin dieses Landes wie ihr. Und ich habe keinen Master gemacht, um erst mal eine Ehe zu schließen, damit ich da atmen darf, wo ich arbeite und meine Steuern zahle.

Dafür begegneten mir jedoch andere Vorbehalte. Alle dachten, jetzt hat sie den deutschen Pass, jetzt wird sie Beamtin und lässt sich mit ihrem Burn-out ihr Leben lang krankschreiben und von Steuergeldern bezahlen. »Unsere Steuergelder« heißt es dann, so als würde ich keine zahlen. Es gab Menschen, die mir das ganz offen ins Gesicht gesagt haben. Das ist anscheinend der Ruf, den wir Ausländer haben. Wir kommen hierher, wir beantragen Bürgergeld, bevor wir überhaupt den Koffer ausgepackt haben.

Auch ich wurde mit diesem Bild konfrontiert. Dabei beobachte ich das Gegenteil. Und ich kann mir nicht vorstellen, wie das Leben in Deutschland wäre ohne all die Leute, die diese Jobs machen, die sonst keiner machen will. Die Taxis fahren, an der Kasse sitzen, nachts in Krankenhäusern putzen. Wie hätten wir denn die Pandemie überstanden ohne die Arbeit der ausländischen Fachkräfte, die auf Familienzeit und Privatleben verzichten mussten, um Überstunden in Pflegeheimen und Krankenhäusern zu schieben? Sehr genau erinnere ich mich noch an Gespräche mit Freunden und Freundinnen aus sozialen Berufen, die in Kitas, Seniorenheimen und Kliniken alles geben, um sich dann aufgrund ihres Aussehens oder ihrer Herkunft beleidigen lassen zu müssen.

Darum bedeutet der Pass Freiheit, Augenhöhe, Daseinsberechtigung. Die meisten Jobs, für die ich ausgebildet war, gab es im Bereich der Entwicklungshilfe. Doch ich hätte sie gar nicht ausüben können, ohne deutsche Staatsbürgerin zu sein. Über hundert Absagen habe ich von Stiftungen und Vereinen bekommen, weil diese Jobs von der EU bezahlt und auch nur an EU-Bürger vergeben werden. Auch wenn ich die Qualifizierteste gewesen wäre, hätte ich den Job nicht bekommen, weil alle anderen, egal, wie talentiert oder nicht, die richtige Staatsbürgerschaft hatten. Mit dem Status fehlte mir die Grundvoraussetzung, um überhaupt bei der Auswahl berücksichtigt zu werden.

Die Zukunft gestalten

So durfte ich erst nach zehn Jahren in Deutschland beginnen, mein Leben langfristig zu planen. Vorher hatte ich Visa, die entweder drei oder sechs Monate gültig waren, mit viel Glück auch mal ein Jahr. Ich brauchte nicht davon zu träumen, ein Haus mit meinem Freund zu kaufen, weil ich nie einen Kredit bekommen hätte. Noch nicht einmal einen Urlaub für den kommenden Winter konnte ich planen, da ich nie wusste, wo ich dann sein würde. Nun durfte ich endlich anfangen, mir etwas aufzubauen.

Als ich zu einem Podcast eingeladen wurde, um über mein Sozialprojekt und die Arbeit meiner Eltern zu sprechen, begegnete ich Roland, einem Unternehmer, der dort vom Sports Marketing und Eventsponsoring im Bereich »Fußball« erzählte. Er berichtete auch von seiner Initiative Deutscher Fußball Botschafter, die soziale Projekte in mehreren Ländern fördert. Das war spannend, weil ich Fußball liebe und sah, dass seine Projekte Spaß machten, die Welt veränderten, aber man mit ihnen auch Geld verdienen konnte. Es machte mich neugierig. Denn es entsprach dem, was auch ich tun wollte, ohne dass ich es so klar hätte formulieren können oder zuvor jemanden gekannt hätte, der so arbeitete.

Das war meine Chance! Ich wollte nicht in einer Behörde arbeiten oder in irgendeinem Ministerium sitzen, weil ich wusste, die Anforderungen dieser Leute würden mich nur wieder krank machen. Ich wollte Entscheidungen treffen, ich wollte ein Mitspracherecht. Vor allem aber wollte ich kein Studienobjekt sein, das man untersucht, um irgendwelche Erkenntnisse daraus zu ziehen oder sich hervorzutun. Nicht die arme Brasilianerin, die den Leuten zeigt, wie man im Dschungel überlebt.

Mein Angebot an Roland lautete: Sechs Monate würde ich ein Mentoring bei ihm machen, also kostenlos für ihn arbeiten, im Gegenzug würde er sein Netzwerk für mich öffnen und mir in der Praxis beibringen, wie Unternehmertum funktioniert. Er schlug sofort ein. In der Zusammenarbeit bewahrheitete sich, was ich bei unserem ersten Aufeinandertreffen gespürt hatte: Roland hat mich von Anfang an als Businesspartnerin mit viel Potenzial gesehen, nicht als jemanden, dem man helfen muss und den man für Charity nutzen kann. Wir haben auch viel miteinander gelacht. Es tat mir gut zu erleben, wie viel Freude es machen kann, Dinge zu bewegen.

Was mein Leben nachhaltig verändert hat, war seine Philosophie: »Du bist nicht, was du verdienst, du bist, was du verhandelst.«

Von meinen Eltern hatte ich gelernt, wenn du ein guter Mensch bist, kommt nur Gutes zu dir zurück. Doch ich hatte gegenteilige Erfahrungen gemacht. Menschen haben mich ausgebeutet. Als ich lernte, nur so viel zu machen, wie vereinbart war, habe ich angefangen, Geld zu verdienen. Weil ich verstand, es geht nicht darum, was du hast oder was du haben willst, es geht um den Wert der Dinge. Darum, respektiert zu werden. Keiner hat mich seither mehr herablassend behandelt, denn die Werte wurden ganz klar auf den Tisch gepackt.

Doch mein Mentor wollte mich nie kleinhalten und mir zeigen, wie schlecht ich in dem bin, was ich tue, nur um mich ausnutzen zu können. Ganz im Gegenteil: Er wollte, dass ich in den Beirat einsteige. Bevor ich als Social Entrepreneurin und Greenfluencerin in die Welt zog, gründeten wir damals gemeinsam eine GmbH. Letztes Jahr bin ich in den Beirat der Initiative Deutscher Fußball Botschafter eingestiegen, dort arbeiten wir weiterhin zusammen. Auch er ist ein wundervolles Beispiel für die Beziehungen in meinem Leben, die ich über viele Jahre aufgebaut habe und die mir unendlich wichtig sind. Weil sie frei sind, gleichberechtigt und unabhängig.

Wenn ich auf diese Zeit meines Lebens zurückblicke, dann erkenne ich eine Veränderung, die essenziell war. Es ging jetzt nicht mehr darum, mich anzupassen, besser und schneller zu sein, mehr Zeugnisse einzusammeln, sondern darum, die Weichen für mein Leben zu stellen. Davor habe ich viele schnelle Entscheidungen getroffen, um zu überleben. Jetzt ging es darum, einen Gang herunterzuschalten, das Tempo rauszunehmen, um zu verstehen, was mich glücklich macht. Wenn ich die Antwort noch nicht kannte, dann gestand ich mir ein zu sagen: »Ich weiß es nicht. *Noch nicht*.« Alle Dinge, die ich damals entschieden habe, beeinflussen bis heute mein Leben. Insofern war es wichtig, mir die Zeit zu nehmen, ruhig, besonnen und ohne Druck zu entscheiden, eine ehrliche Meinung wiederzufinden und klärende Antworten geben zu können.

Zuvor hatte ich es oft persönlich genommen, wenn ich nach Bewerbungen Absagen von Organisationen kassiert habe oder nie die Hauptrolle bekam, wenn ich beim Casting für einen Film vorsprach. Aber ob ich talentiert oder gut ausgebildet war, das war gar nicht der Punkt. Es ging um etwas anderes. Spätestens, als ich anfing, im Bereich »Unternehmensberatung« tätig zu sein, und dort Workshops zur Bedeutung von Ethnie und Geschlecht im Jobkontext wahrnahm, verstand ich, dass bisher kaum eine junge Frau mit dunkler Haut und vergleichbarem Background diese Räume betreten hatte. Aber ich wollte diejenige sein, die sich Zutritt verschafft, mir und allen anderen, die in Zukunft folgen würden. Das würde fortan meine Motivation sein, die Sache in die Hand zu nehmen und selbst Geschichte zu schreiben – wortwörtlich.

Es mag unerwartet kommen, aber ich schlage hier einen Bogen zu Donald Trump. Ausgerechnet? Ja, genau! Denn er ist ein gutes Beispiel dafür, wie sehr sich die Art und Weise, eine Story zu erzählen, unterscheiden kann, je nach Blickwinkel, je nach Intention.

Im Jahr 2018 schrieb die *New York Times*: »Der Präsident hat sich lange selbst als Selfmade-Milliardär verkauft, aber die Nachforschung der *Times* ergab, dass er mehr als 413 Millionen Dollar vom Immobilienimperium seines Vaters erhalten hat, ein Großteil davon aus Steuerhinterziehungen in den 1990er-Jahren.«[12] Was ich damit sagen will? Realität ist subjektiv. Sie ändert sich je nach Absender der Geschichte. Die Wahrheit von Donald Trump hat mit den Rechercheergebnissen der Journalisten wenig zu tun.

Fest steht auf jeden Fall, dass es unendlich viele selbst ernannte *HEroes* wie Donald Trump da draußen gibt. Aber wahrscheinlich noch viel mehr echte *SHEroes* mit wahren Geschichten, die nur niemand kennt. Als ich damals den Artikel las, entschloss ich mich, meine eigene Geschichte nach außen zu tragen. Damit Frauen wie ich in Zukunft ganz selbstverständlich Räume für sich beanspruchen, zu denen sie bisher keinen Zugang hatten.

Als sich abzeichnete, welchen Kurs ich einschlagen würde, habe ich nicht ein einziges Mal von meinen Eltern gehört, ich solle doch den sicheren Weg gehen und mich verbeamten lassen. Für sie war alles gut, wohin mein Weg mich auch immer führen sollte. Sie hatten mich noch nie so fix und fertig gesehen wie während meines Burn-outs und wollten nur, dass ich wieder glücklich bin.

Zuhören und erzählen

Wenn ich heute auf die Jahre zurückblicke, die auf die große Krise folgten, dann erscheinen sie mir fast surreal. Auch in dieser Zeit habe ich viel gearbeitet, aber die Dinge hatten ihre Schwere verloren. Es fühlte sich nicht mehr wie ein Kampf an, sondern fügte sich organisch ineinander. Aus dem einen Projekt ergab sich ein anderes, Kontakte entstanden, nach und nach konnte ich mir mein ganz eigenes Geflecht aus verschiedenen Aufgaben aufbauen, in dem ich mich bis heute bewege. Manche Jobs bringen Geld, das ich wiederum nutze, um soziale Projekte zu fördern. Manche machen einfach Spaß, andere fordern mich heraus, manche erfüllen mich, andere bringen mich an meine Grenzen. Sie sind so vielschichtig wie die Facetten, die ich in mir trage. Aber alle folgen dem übergeordneten Ziel, für Nachhaltigkeit und soziale Gerechtigkeit zu kämpfen.

Nach der Zeit bei Roland habe ich mich selbstständig gemacht und projektbezogen als Beraterin für Unternehmerinnen in den Vereinigten Arabischen Emiraten gearbeitet, von Berlin aus oder manchmal für ein paar Wochen vor Ort. Die meisten von ihnen waren in der Mode- und Schmuckindustrie tätig. Sie haben mich gebucht, damit ich für sie im Bereich »Kommunikation und Influencing« arbeite und um ihnen zu zeigen, wie sie nachhaltiger produzieren können, mit Wasserdiamanten oder pflanzenbasiertem Gold. Diese Frauen haben mir oft gesagt, dass diese Leichtigkeit, mit der ich vermeintliche Widersprüche auflöse, sie glauben lässt, dass es auch für sie möglich sein könnte, eines Tages mehr von ihrer Persönlichkeit zu zeigen. Es gefiel mir, diese Frauen nicht nur in geschäftlichen Dingen unterstützen zu können, sondern auch eine Inspiration für sie zu sein.

Dass ich mit dem, was ich tat, auf dem für mich richtigen Weg war, zeigten die Chancen, die sich auf einmal auftaten. Ich flog für Model-Jobs nach Australien, arbeitete mit Straßenkindern auf den Philippinen und kreierte Content für Unternehmen. »Was machst du eigentlich genau?« Diese Frage wird mir oft gestellt. Dann sage ich: »I translate values into content.« Ich übersetze Werte in Inhalte. Es geht mir darum, große gesellschaftliche Themen in die Welt zu kommunizieren – aber auf eine Art, die auf die heutige Generation zugeschnitten ist. Die Narrative zu verändern liegt mir dabei besonders am Herzen. So konnte ich etwa den Anstoß dazu geben, dass der erste arabischsprachige Artikel über Straßenkinder veröffentlicht wurde. Bis heute gibt es Länder, in denen es verboten ist, über diese Kinder zu schreiben. Es geht mir um Sichtbarkeit, ohne mich dafür verraten zu müssen.

Je mehr ich mich im Bereich »soziale Gerechtigkeit« engagierte, desto öfter wurde ich eingeladen, um realitätsnah und ohne Vorurteile von der Lebenssituation der Menschen in verschiedenen Teilen der Erde zu erzählen. Mit der Bundeszentrale für politische Bildung (BPB) durfte ich als Multiplikatorin nach Israel und Palästina reisen. Die Erlebnisse und Begegnungen dort werde ich nie vergessen. Es war lange vor dem 7. Oktober 2023 und der neuen Eskalationsstufe, die der Nahostkonflikt damit erreichte, aber vor diesem Hintergrund bekommen sie noch einmal ein ganz anderes Gewicht. Auch im November 2015, dem Zeitpunkt meiner Reise, war die Sicherheitslage angespannt. Es hatte mehrere terroristische Angriffe in Israel gegeben, insbesondere in Jerusalem. Die Spannungen zwischen Israelis und Palästinensern nahmen zu, Israel verstärkte seine Sicherheitskontrollen an Orten mit erhöhtem Risiko. Einige geplante Stationen der Reise mussten kurzfristig abgesagt werden, einmal suchten wir Hotelgäste in einem Bunker neben dem Speisesaal Schutz, weil Alarm ausgerufen wurde. Es war ein kriegsähnlicher Zustand.

In Brasilien hat es sich manchmal so angefühlt, als würde ich im Krieg leben. Aber wie es wirklich war, das wusste ich bis dahin nicht. Dass es mich so sehr triggern würde, hatte ich nicht erwartet.

An einem der Checkpoints der israelischen Armee, die an verschiedenen Orten im Westjordanland und im Gazastreifen eingerichtet waren, um den Verkehr und die Bewegungen von Palästinensern zwischen verschiedenen Gebieten zu überwachen und zu kontrollieren, sehe ich ein Projektil auf dem Boden liegen. Sofort sind sie da, die Bilder meiner getöteten Freundin, die reglos im Staub der Straße liegt. Dass ich weine, merke ich erst, als mir die Tränen auf den Ärmel meiner Jacke tropfen. Auf dieser Reise kam ich den traumatischen Erlebnissen aus meiner Kindheit und Jugend sehr nah.

Dennoch wollte ich mehr wissen über die Umbrüche im Nahen Osten, die wachsende Unzufriedenheit über soziale Ungerechtigkeit, den für jüdische Israelis verpflichtenden Dienst in der Armee. Da die Reise von der BPB durchgeführt wurde, sollten wir die Möglichkeit bekommen, durch persönliche Begegnungen und Gespräche mit Menschen aus der Region ein differenziertes Bild der komplexen israelischen Lebenswirklichkeit zu bekommen. Auch der israelisch-palästinensische Konflikt spielte dabei eine wichtige Rolle – deshalb sollte ein Besuch in Palästina Bestandteil der Reise sein. Leider war es jedoch in diesen Tagen zu gefährlich, wir schafften es nur bis zur Grenze. Doch selbst das, was wir dort beobachteten, hat sich in mein Gedächtnis eingebrannt. Wie zum Beispiel die Bauarbeiter, die nur zur täglichen Arbeit nach Israel kamen und sich darüber hinaus nicht dort aufhalten durften, vom Lkw sprangen und sofort losrannten, um noch rechtzeitig die Grenze zu passieren – und somit einer Strafe zu entgehen. So gern hätte ich auch die andere Seite besucht und erlebt, um ein umfassendes Verständnis der Situation zu bekommen. Denn um sich wirklich ein Bild machen zu können, ist es notwendig, beide Positionen zu kennen.

In besonderer Erinnerung ist mir die Begegnung mit Daniel geblieben, der im Nahostkonflikt als Panzerkommandant im Einsatz war, zu der Zeit aber Rechtswissenschaften und Philosophie studierte. Wir trafen ihn, damit er uns von seinem Alltag erzählen konnte. Er saß mir direkt gegenüber, als er diesen Satz sagte, der mir eine Gänsehaut machte: »Ich habe viel Zerstörung gesehen, und das möchte ich nie mehr wieder, ganz egal, warum.« So gut konnte ich mich damit identifizieren. Die Erinnerungen könne man nicht löschen, sagte er, aber die Art und Weise, wie man darüber denkt. Es erfordere viel Zeit und Übung, die Gedanken zu kontrollieren, aber es sei möglich, einen Weg aus der Spirale quälender Bilder zu finden. Wenn man von seiner eigenen Geschichte erzählen kann, ohne zu weinen, sei es überhaupt erst wieder möglich, freie Entscheidungen für sein Leben zu treffen und diese zu verfolgen.

Er erklärte mir, dass man beim israelischen Militär getestet und dann entsprechend den eigenen Fähigkeiten in dem Bereich eingesetzt wird, in dem man besonders gut ist. Wie gern hätte er ein schlechtes Sehvermögen und nicht die körperli-

chen und kognitiven Fähigkeiten gehabt, um zum Schießen
eingeteilt zu werden!

Sicher ein extremes Beispiel. Aber Daniel bestätigte damit
etwas, an das ich ganz stark glaube: Mach, was dich glücklich
macht, und nicht das, worin du gut bist! Wenn du es liebst zu
malen, aber ein exzellenter Schütze bist, so wie Daniel, was
würdest du lieber machen, wenn du das Privileg hättest zu
entscheiden? Schießen oder malen? Genau! Du hast dieses
Privileg, also warum nicht das Richtige für dich tun?

Als ich Daniel nach seinen Träumen fragte, erwartete ich,
dass er etwas antworten würde, wie: Keinen Krieg mehr auf
der Welt! Aber er überraschte mich: »An dem Tag, an dem
Israelis, Palästinenser, Libanesen, Syrer, Jordanier und Ägyp-
ter zusammen Hummus essen, werden sie sich als Menschen
kennenlernen und merken, dass sie so viel mehr gemeinsam
haben, als sie annehmen.« Unabhängig von Glauben oder
Nationalität gehört die Vorspeise aus Kichererbsen in der
gesamten Region zu den Nationalgerichten. Wenn wir den
Fokus also darauf legen, was uns als Menschen verbindet,
gäbe es vielleicht gar keine Kriege mehr.

Daniel erzählte uns, wie schwierig es sei, in dem ständigen
Gefühl leben zu müssen, einberufen zu werden. Man weiß, es
kann jederzeit passieren, aber wenn es so weit ist und man
sich von seinen Liebsten verabschieden muss, kann man es
dennoch nicht begreifen. »Die achtzig Tage im Panzer waren
so viel schlimmer als alles, was ich bisher erlebt hatte, denn
du kämpfst mit dem Gefühl, die Hoffnung zu verlieren«, so
hat er mir das Entsetzen beschrieben, dem er dort ausgelie-
fert war. Aber genau das ist es, worum es im Leben geht: Was
auch immer passiert, verliert nie die Hoffnung, niemals!

»Hope comes with Hummus!«

Oft wühlen sie mich auf, diese Begegnungen mit Menschen aus aller Welt. Sie lassen mich häufig nicht los, manchmal träume ich sogar von ihnen. Aber es macht mich auch glücklich, an Orten zu sein, an denen die Leute nicht wissen, woher ich komme. Auf der Welt habe ich keine Farbe oder keine Herkunft: Ich bin so, wie ich bin. Denn in allen möglichen Gesellschaftsblasen geht es darum, in Schubladen einsortiert zu werden, darum, sich zu positionieren und Zugehörigkeit zu zeigen.

Klassisches Beispiel: Will ich Rastafari sein oder mir die Haare glätten? Klar, das Thema ist ein Politikum. So ist die Bestsellerautorin Chimamanda Ngozi Adichie davon überzeugt, dass, wenn Michelle Obama ihr Haar natürlich tragen würde, Barack Obama die Präsidentschaft nicht gewonnen hätte. In New York sind Afros am Arbeitsplatz sogar erst seit Kurzem per Gesetz erlaubt.

Natürlich ist es wichtig, dass diese Stigmatisierung aufhört. Auch ich trage meine Haare meistens natürlich. Und freue mich, wenn mir Menschen über die sozialen Netzwerke erzählen, dass sie sich dadurch inspiriert fühlen, es ebenfalls zu tun. Einfach, weil es eine Selbstverständlichkeit sein sollte. Aber genauso, wie ich erwarte, dass keiner einfach so über meine Haare streicht, als wären wir im Tierpark, möchte ich mich nicht dafür rechtfertigen müssen, wenn ich meine Haare glätte. Meine Ururgroßmutter war Sklavin, und jetzt will man mir vorschreiben, dass ich jeden Tag meines Lebens Locken tragen muss, um glaubwürdig zu sein? Ach, bitte! Die Afro-Community fühlt sich angegriffen, weil ich mich damit westlichen Schönheitsidealen unterwerfe oder meine Wurzeln verleugnen würde. Wenn ich öffentlich über die Situation von Straßenkindern berichtet habe, wurde ich von einzelnen Veranstaltern aber auch schon darum gebeten, auf Make-up, Nagellack oder geglättete Haare zu verzichten. Es wurde natürlich nicht ausgesprochen, aber ich ahnte gleich, worum es ging: weil ich anderenfalls nicht dem Bild des armen Slum-Mädchens entspreche!

Es ist komplex und kompliziert, und darum mache ich es mir leicht. Indem ich mich diesen Zuordnungen und Festlegungen entziehe und freie Entscheidungen treffe. Indem ich mache, worauf ich Lust habe, ohne mir dauernd den Kopf darüber zu zerbrechen, was andere über mich denken könnten. Denn die Leute, die mich missverstehen wollen, die werden es sowieso tun. Aber ich gehöre nicht zu den Menschen, die sich nur mit ihrem Problem identifizieren. Auch ich habe Diskriminierungserfahrungen gemacht und mache sie bis heute. Aber ich bin so viel mehr als nur das.

Doch ich betrachte die Dinge als Ganzes.

Ich bin schwarz, du bist schwarz, deshalb sind wir best friends? Und dann ist der Weiße der Feind? Nein. Für mich ist auch das eine Form von Rassismus. Genau wie die Erwartung, dass meine Assistentin schwarz sein müsste, wie immer wieder an mich herangetragen wird. Warum? Ich suche die Menschen, mit denen ich zusammenarbeite, doch nicht nach ihrer Hautfarbe aus, sondern weil die Arbeit mit genau diesen Personen für mich am besten funktioniert. *We can teach skills, but we can't teach heart.* Das ist mein Leitspruch und die Basis unserer Zusammenarbeit, nicht Ethnie oder Herkunft. Ganz bestimmt trage ich nicht zur Überwindung von Ausgrenzung bei und dazu, dass die Menschen dieser Welt zusammenwachsen, wenn ich mich darauf reduziere, eine Woman of

Color zu sein. Sie ist ein Teil von mir, aber es gibt noch andere Seiten. Gott hat alle Farben gemacht.

Das Reisen hat mir auch geholfen zu relativieren. Ich finde: Wenn man hinausgeht in die Welt, wird man feststellen, die Mehrheit ist damit beschäftigt, echte Probleme zu lösen. Wenn die Leute ihre Zeit nur an einem einzigen Ort verbringen, verlieren sie meines Erachtens die Wahrnehmung für das Glück, das sie haben. Es verschwimmt im Alltag und löst sich auf. Sie spüren es nicht mehr. Darum hat Glück für mich viel mit Bewegung zu tun. Aber nicht unbedingt mit Veränderung. Gerade im sozialen Bereich wollen viele immer etwas verändern. Die Frage, die wir uns jedoch zuallererst stellen müssen, lautet: Rechtfertigt das, was wir erschaffen, das, was wir dabei zerstören? Etwas Neues zu kreieren ist nicht unbedingt nachhaltig. Nachhaltig ist es meines Erachtens, in etwas, das schon funktioniert, zu investieren, damit es Bestand hat.

Das gilt für zwischenmenschliche Beziehungen ganz genauso. Wir reden nämlich oft über die Umwelt, als gehörten wir nicht dazu. Dabei sind wir Menschen ein Teil davon – und so auch die Beziehungen, die wir miteinander führen. Was könnte eine größere Motivation sein, unsere Natur zu schützen, als diese Betrachtungsweise? »We are not defending nature, we are nature defending itself.« Im Februar 2019 wurde dieses Statement von Mitgliedern der Resistencia Indigena, bestehend aus indigenen Gruppen aus dem Amazonasbecken, von dem brasilianischen Aktivisten und Street-Art-Künstler Mundano in Kunst umgesetzt. Das Werk ging viral und wurde von Millionen Menschen auf der ganzen Welt gesehen. Wir verteidigen nicht die Natur, wir sind die Natur, die sich selbst verteidigt. Ein einfacher, aber unglaublich kraftvoller Satz, der mir aus der Seele spricht.

Was bringt es, wenn die Bildungselite vegan wird, während der arme Teil der Bevölkerung sich all die tollen Produkte aus den Bioläden gar nicht leisten kann? Wenn Menschen auf der Welt weiter ausgebeutet werden? Für viele ist das Thema »Nachhaltigkeit« damit erledigt, dass sie kein echtes Leder tragen und Hafermilch trinken.

Dabei erlebe ich großartige Menschen, die viel zu sagen hätten, sich aber nicht trauen, beim Thema »Nachhaltigkeit« mitzureden, weil sie Auto fahren und Fleisch essen. Jeder Mensch auf der Erde hat das Recht, darüber zu sprechen, und sehr wahrscheinlich könnten wir viel lernen, wenn wir zuhören würden. Das Thema darf nicht elitär bleiben und nur von Menschen diskutiert werden, die Aristoteles kennen und sich Demeter-Produkte leisten können. Sie sind diejenigen, die sich ohnehin damit beschäftigen – und außerdem am wenigsten unter den Folgen leiden.

Denn es ist ein Fakt, dass die Länder, die am meisten zur Umweltverschmutzung beitragen, nicht die Länder sind, die mit den Konsequenzen konfrontiert werden. Der Soziologie-Professor Daniel Aldana Cohen hat den Begriff »Öko-Apartheid« im Magazin *The Nation* definiert, als Regime von »grüner Infrastruktur und kühlender Natur« für wohlhabende Weiße in den USA auf der einen Seite sowie schlechtere Infrastruktur, mehr Hitze für Arme und Nichtweiße in den Vereinigten Staaten – und weltweit.[13] Öko-Apartheid meint, dass bestimmte Bevölkerungsgruppen in Bezug auf Umweltressourcen, Umweltschutz und Umweltauswirkungen benachteiligt werden. Diese Ungleichheit kann auf sozioökonomischen Bedingungen, ethnischer Zugehörigkeit, geografischer

Lage oder politischen Machtverhältnissen basieren. So können Gemeinschaften stärker von giftigen Abfällen oder anderen schädlichen Umweltauswirkungen betroffen sein. Andere haben weniger Zugang zu sauberem Wasser, fruchtbarer Erde oder anderen wichtigen Umweltressourcen. Auch durch diskriminierende Praktiken erfahren bestimmte Menschen oft einen unverhältnismäßig hohen Anteil an Umweltbelastungen. Die Vorstellung, dass es Klimagerechtigkeit gäbe, basiert auf abstrusen Theorien, sie ist nicht divers und nicht zeitgemäß. Es ist mir wichtig, Transparenz dafür zu schaffen.

Geht raus, und entdeckt Mutter Erde!

Oft werde ich von Angestellten irgendwelcher Behörden, die mit dem Thema »Nachhaltigkeit« beauftragt wurden, kritisiert, weil ich fliege.

Es stimmt. Ich fliege. Und ich fliege regelmäßig. Doch Fliegen ist für viele ein Sinnbild für so ziemlich alles geworden, was in der Welt schiefläuft. Wer fliegt, gilt im Allgemeinen als schlechter Mensch, und wer sich für Nachhaltigkeit einsetzt und fliegt, als unglaubwürdiger Heuchler. Dabei sind die Menschen, die mich angreifen, in der Regel diejenigen, für die es womöglich schon als Kind normal war, mit Mama und Papa in die Ferien zu fliegen. Meine Eltern sind mit uns nie im Urlaub gewesen, nicht ein einziges Mal, sie hätten es sich nie leisten können. Einundzwanzig Jahre meines Lebens habe ich mir das Schlafzimmer mit meiner Familie geteilt, wir haben uns von Lebensmitteln ernährt, die die Supermärkte sonst hätten wegwerfen müssen. Jahrelang hatten wir kein fließendes Wasser. Es war selbstverständlich, Dinge gemeinsam zu benutzen – egal, ob Kühlschrank, Auto oder Wohnung. Und ich finde, das spielt durchaus eine Rolle, wenn es um meinen persönlichen CO_2-Fußabdruck geht. Auch wenn es damals aus der Not geboren war, so bin ich heute überzeugt davon, dass wir alle viel mehr dazu übergehen sollten, Güter gemeinschaftlich zu nutzen. Der Begriff »Besitz« spielt keine Rolle in meinem Leben. Aber danach fragt seltsamerweise keiner, wenn wieder das Thema »Fliegen« auf den Tisch kommt.

Heute bin ich in einer Lage, in der ich alles, was ich von der Welt kennenlerne, über Social Media mit vielen Menschen teilen darf. Es macht einen gewaltigen Unterschied, wenn ich vor Ort war und meine Beobachtungen und Emotionen in meine Storys auf Instagram oder meine Vorträge einfließen lasse. Die Informationen erreichen die Leute ganz anders. Denn bei allen Möglichkeiten, die Digitalisierung schafft, ist es wichtig, dass dabei die zwischenmenschliche Konnektivität nicht auf der Strecke bleibt. Dazu gehört auch, dass wir uns in der realen Welt gegenübersitzen. Ich habe heute Freunde auf der ganzen Erde. Mein Netzwerk ist mein größter Reichtum. Das ist es, was ich immer aufbauen wollte. So ein Mensch wollte ich werden. Doch dafür muss ich anderen Menschen begegnen. Im direkten Kontakt löst sich Rassismus auf, Vorurteile werden abgebaut, Verständnis entsteht.

Ich will nicht darüber berichten, wovon ich gehört oder gelesen habe, ich will die Wahrheit, meine eigenen Erfahrungen machen, die Welt mit meinen eigenen Augen sehen. Wenn der Preis dafür ist, vor Ort zu sein, zu sehen, zu erleben, Fragen zu stellen und Antworten zu hören, dann wiederhole ich nicht die immer selben Narrative, ich kreiere neue. Darum kann ich nicht zu Hause sitzen und PDFs erstellen. Auch wenn es paradox klingt: Ich muss die Welt entdecken und bereisen, um meinen Beitrag zum Thema »Nachhaltigkeit«

leisten zu können. Ich muss zeigen, wie wunderschön die Welt ist – aber auch, wie viel zu tun ist, um sie zu retten.

Natürlich könnte ich einen Post machen, in dem ich schreibe, dass 58 Prozent der weltweiten Riffareale durch Überfischung, Verschmutzung und den Klimawandel ausbleichen und vom Aussterben bedroht sind.[14] Aber es hat eine andere Intensität, wenn die Leute mich auf den Malediven sehen und ich ihnen die abgestorbenen Gerippe zeige, die Zerstörung, dort, wo die Schönheit einmal so gewaltig war, dass es einem den Atem verschlug. Wenn ich ihnen dann davon erzähle, dass mit den Korallen nicht nur der Lebensraum vieler Tiere und Pflanzen zerstört wird, sondern sie einen wichtigen Beitrag zur Regulation des CO_2-Gehaltes der Atmosphäre leisten und darum genauso schützenswert sind wie die Regenwälder, dann berührt es sie ganz anders. Es wird real, und sie können sich damit identifizieren. Darum werde ich weiter wunderschöne Reiseziele zeigen, genauso wie toxischen Müll und verendete Meeresschildkröten. Damit alle verstehen, warum ich unermüdlich für Mutter Erde kämpfe.

Jeder hat meiner Meinung nach das Recht, unseren Planeten kennenzulernen. Aus jedem Land, in dem ich war, durfte ich etwas mitbringen. In jedem Land habe ich etwas gelernt, das mich bis heute begleitet auf meinem Weg, glücklich mit mir und meinem Leben zu sein. So musste ich erst neunundreißig Jahre alt werden, um auf den Malediven Teil eines Projekts sein zu dürfen, das über Korallen forscht und sich für ihren Schutz einsetzt. Wer würde so eine Chance verstreichen lassen? Wir haben die Welt abgefuckt und wollen jetzt dafür sorgen, dass unsere Nachkommen sie nicht mehr entdecken dürfen? Wir können der jungen Generation nicht sagen, ihr sollt zu Hause bleiben, nachdem wir uns bereits alles angesehen haben. Geht raus, und schaut euch an, wer Mutter Erde ist! Es gibt kein nachhaltigeres Mittel, um Menschen zu motivieren, sich für ihren Schutz stark zu machen.

Jedes Mal, wenn ich an einen Ort komme, an dem ich noch nie war, kehre ich mit neuen Inspirationen zurück, um mich einzusetzen. Es gibt viele Leute, die durch mich zum ersten Mal mit Nachhaltigkeitsthemen in Berührung gekommen sind. Der einzige Weg dorthin ist, dass ich an Orte fliege, um ihnen davon zu erzählen. Natürlich würde ich mir wünschen, es gäbe eine Möglichkeit, mich klimaschonender zu bewegen. Aber ich darf jetzt nicht aufhören, meine Arbeit zu machen. Wer entscheiden kann, dass ich nicht fliegen darf, der muss sich auch darum kümmern, dass ich mich anderweitig mobilisieren kann. Der muss investieren, damit Flüge nachhaltiger werden.

2022 habe ich zusammen mit Voelkel einen fairen und klimapositiven Eistee auf den Markt gebracht und für jede verkaufte Packung fünf Cent an den Verein GermanZero gespendet, der sich für ein klimaneutrales Deutschland bis 2035 und für die Begrenzung der Erderwärmung auf 1,5 Grad einsetzt. Nur Kritik zu üben ist schwierig. Die Leute müssen begreifen, wie diese Kette funktioniert. Darum war es für mich auch so wichtig, ein Produkt zu entwickeln, das bezahlbar und in normalen Supermärkten und Drogerien zu bekommen ist. Warum? Die Welt wird sich nicht ändern, wenn die zehn Prozent der Bevölkerung, die sich Bio leisten können, weiter Bio kaufen. Wir müssen die Masse erreichen. Um dadurch der neuen Generation zu beweisen, dass es möglich ist, erfolgreich zu sein, ohne der Umwelt zu schaden.

Meine Eltern haben mir schon früh mitgegeben, dass es darum geht, wie wir unsere Mutter Erde schützen können, damit sie uns nicht ausspuckt. Ebenso wertvoll war es zu sehen, wie sie Dinge angepackt haben, einfach gemacht haben – auch mit den wenigen Möglichkeiten, die sie hatten.

Niemand muss perfekt sein, niemand kann perfekt sein. Wir alle leben in einem Wirtschafts- und Gesellschaftssystem, das nicht nachhaltig ist, und jeder kann nur das ihm Bestmögliche tun. Ich fliege, ja. Aber ich fahre aus Überzeugung kein Auto, nutze nur öffentliche Verkehrsmittel und kaufe achtzig Prozent meiner Klamotten im Secondhand. Jeder Einzelne kann irgendwo anfangen. Für manche ist das Auto unentbehrlich, dann setzt man eben woanders an. Sei nicht so streng mit dir selbst, und fang dort an, wo du kannst! Wenn man im Dorf aufgrund schlecht ausgebauter öffentlicher Verkehrsmittel mit dem Auto fährt, dann ist das eben so. Statt Vorwürfen kann man seine Energie dafür verwenden, etwas Nachhaltiges zu tun. Es bringt nichts, alle Vorhaben umsetzen zu wollen und dann frustriert aufzugeben – und am Ende vielleicht gar nichts zu machen.

Meine Vision ist, dass wir es schaffen, uns wieder mehr auf uns selbst zu besinnen, und den externen Lärm ausschalten. Ich bin der festen Überzeugung, dass sich so auch manches Weltproblem lösen ließe. Wenn Menschen menschlicher und weniger wie Maschinen agieren, weniger auf Materielles und vermehrt auf Emotionales achten, dann ist unsere Welt bereits eine andere.

Kapitel 9

Sich in seinen Gedanken nicht limitieren zu lassen, bedeutet die größte Freiheit

Die letzte Silbe wird von den lauten Rufen verschluckt, dem tosenden Applaus, dem Dröhnen in meinem Kopf. Hat der Moderator gerade wirklich meinen Namen gesagt? Der Boden scheint unter mir zu schwanken, meine Beine fühlen sich an, als wären sie aus Watte. Ich spüre Arme, die von allen Seiten meinen Körper umschließen, eine weiche Wolke aus Stimmen und Emotionen. Glückwünsche. Tränen. Küsse. Ich schlage mir die Hände vors Gesicht, zu viel stürmt gleichzeitig auf mich ein. Aufsteigende Tränen, die ich mit den Händen wegzufächeln versuche.

Ich gehe in die Hocke, um nicht einfach auf der Stelle umzufallen. Doch das Knäuel aus Menschen hebt mich sogleich wieder vom Boden hoch, eine breite Schärpe aus festem weißen Stoff wird mir umgelegt. Ich versuche, mich selbst zu beruhigen und mich auf meinen Atem zu konzentrieren, wie ich es oft geübt habe, wenn mich die Emotionen zu übermannen drohten. Durch die Nase ein, durch den Mund aus. Mit weichen Knien gehe ich den schwarzen Laufsteg entlang, in dem ich mich selbst spiegele. Ein Schritt vor den anderen. Der Saal im Europa-Park in Rust ist voll, die Menge jubelt.

Passiert das gerade wirklich? Wieder kommt eine Welle von Tränen. Ich denke an Mama und Papa, die jetzt ganz nah sind, obwohl sie nicht im Publikum sitzen. Ich fluche, und ich bete. Feuerregen von der Decke. Der Refrain von Welshly Arms' »Legendary« hämmert aus den Boxen. Antreibend, stark und in diesem Moment so wahr. »Yeah, we're gonna be legends. Gonna teach 'em all a lesson. Got this feeling in our souls we carry. It's about to be legendary.« – »Ja, wir werden Legenden sein. Ich werde ihnen allen eine Lektion erteilen. Wir tragen dieses Gefühl in unserer Seele. Es wird legendär werden.« Legendär ist es schon jetzt.

Domitila Barros ist Miss Germany 2022.

Das war der Moment, in dem die beste Phase meines Lebens begann. Nicht, weil ich egozentrisch bin und es meine große Vision gewesen wäre, die Schönste von allen zu sein. Sondern weil ich wusste, dass ich nun eine Plattform bekommen würde, von der aus ich die Menschen erreichen könnte. Ich feierte nicht so sehr die Tatsache, dass ich diesen Wettbewerb gewonnen hatte, sondern vor allem, dass ich ihn als Mädchen aus Linha do Tiro gewonnen hatte. Es war ein Triumph auf so vielen Ebenen. Und als ich dort auf der Bühne stand und die Menschen für mich aufstanden und klatschten, da war es, als bekäme ich endlich die Anerkennung für alles, was ich über dreiundzwanzig Jahre konsistent gemacht hatte.

Es war wie im Märchen. Dass ich mich gegen die anderen Teilnehmerinnen durchgesetzt hatte, war nebensächlich. Ich ließ mich feiern für die Anstrengungen, die hinter mir lagen, für meine Widerstandskraft und all die Momente, in denen ich alles hinschmeißen wollte, aber nicht aufgegeben habe. Für jede Träne, jeden Misserfolg, jede Zurückweisung, die hinter mir lag. Endlich sichtbar sein. Es war nicht weniger als bombastisch.

Aber nicht nur für mich. Genauso für meine Leute zu Hause. Und für die Gesellschaft, von der ich nun ein Teil war. Denn dass ich hier stehen durfte als Repräsentantin dieses Landes, bewies, dass Veränderung tatsächlich stattfinden kann.

Bis vor wenigen Jahren hätte eine Frau wie ich nicht einmal teilnehmen dürfen. Vor ein paar Jahren hat Miss Germany das Konzept geändert: Statt um Bikini-Auftritte vor männlich dominierten Jurys geht es jetzt um Frauen mit einer Mission. Das Motto lautet »Schärpe trägt, wer bewegt«. Seitdem standen Kandidatinnen mit Kurven oder Prothesen im Finale, trans Personen, solche, die sich gegen Missbrauch oder Umweltverschmutzung einsetzten. In der Jury sitzen Frauen, Alters- und Gewichtsgrenzen wurden erst hochgesetzt und inzwischen aufgehoben, die Krone abgeschafft. Es geht um die Auflösung von Geschlechterordnungen, Gleichberechtigung, um Selbstbestimmung und Female Empowerment. »Der Titel Miss Germany ist eine Auszeichnung für Frauen, die Verantwortung übernehmen. Für Persönlichkeiten, die am großen Dialog teilnehmen wollen und ihren Platz am gesellschaftlichen Tisch fordern.« So steht es auf der Website geschrieben. Durch den Satz fühlte ich mich angesprochen, er kam einer Einladung gleich mitzumachen. Ich betrachtete es als eine großartige Möglichkeit, um mich mit anderen Frauen zu vernetzen, die soziale Verantwortung übernehmen wollen.

Nein, ich hätte nicht gedacht, dass ich gewinne. Als ich es aber tatsächlich tat, wusste ich, ich will die mediale Aufmerksamkeit nutzen, um mehr Menschen für meine Themen zu mobilisieren.

Nicht nur einmal wurde ich darauf angesprochen, warum ich als Master-Absolventin bei einem Schönheitswettbewerb mitgemacht habe. Dann antworte ich: »Weil ich glücklich sein und alles erleben wollte, was mir mein neues Leben ermöglichte.« Wenn du in einer Favela wie »Schusslinie« aufwächst, ist alles, was du zu sehen bekommst, Armut. Ich habe teilgenommen, um auf diese Themen aufmerksam zu machen, aber ich wollte auch strahlen, es genießen, auf einer Bühne zu stehen. Dieses Gleichgewicht zu halten zwischen ernsten Dingen und der Leichtigkeit des Lebens, ist superwichtig für mich, damit ich gesund bleibe. Ich kann hart arbeiten, um etwas zu bewegen, und gleichzeitig lustige Dinge tun. Dinge, die einzig und allein dem Zweck dienen, zu lachen und Freude zu empfinden. Nur weil ich für eine bessere Welt kämpfe, bedeutet das nicht, dass ich den ganzen Tag mit versteinertem Gesicht herumlaufe und mich selbst in jeder Situation wichtig nehmen muss. Und je mehr Gutes ich mir selbst tue, desto mehr wird meine Kraft wachsen, um Gutes für andere zu tun.

No Labels

Als kleines Mädchen im Schauspielunterricht träumte ich davon, alles sein zu dürfen, jetzt wollte ich diesen Traum endlich leben. Mich künstlerisch verwirklichen, ein besseres Leben führen, aber gleichzeitig Menschen helfen. Wenn ich nur Model-Jobs mache und mich auf Instagram bewege, kriege ich Depressionen. Das ist nicht mein Purpose auf der Erde.

Andersherum brauche ich die Leichtigkeit, die mir die Schauspielerei und die Mode-Shootings geben, um motiviert für meine sozialen Projekte zu bleiben. Es mögen auf den ersten Blick widersprüchliche Tätigkeiten sein, aber sie spiegeln alle Teile von mir wider, und sie greifen perfekt ineinander. Wenn man versteht, was ich erreichen möchte, dann wird klar, es sind nur Werkzeuge, um dem großen Ziel näher zu kommen: dass meine Message bei möglichst vielen ankommt. Für Schubladen und Labels war ich nie gemacht. Sie beschneiden meine Persönlichkeit. Mir ist bewusst, dass es für manche schwierig ist, das zu verstehen. Sie können nicht anders, als eindimensional auf die Dinge zu blicken.

Wie gern die Leute mich und meine Arbeit missverstehen wollen, musste ich erfahren, als im Dezember 2022 beim Deutschen Generalkonsulat in Rio de Janeiro eine Veranstaltung zur Würdigung der indigenen Bevölkerung Brasiliens stattfand, zu der ich eingeladen war. Es fing damit an, dass das Event in einem Artikel der *Bild-Zeitung* herablassend als »Tanz-Sause« bewusst missinterpretiert und lächerlich gemacht wurde. Der CDU-Abgeordnete Knut Abraham wurde mit dem Satz zitiert: »Eine Party mit Bodypainting und Miss Germany scheint mir eine bizarre Auslegung von feministischer Außenpolitik zu sein. Aus meiner Sicht droht das peinlich zu werden.«

Peinlich und bizarr – etwa wie die gesamte brasilianische Kultur? Gerade war ich vom World Economic Forum als Young Global Leader nominiert worden, machte seit Jahrzehnten Jugendarbeit und kämpfte für soziale Gerechtigkeit. Wie konnte es sein, dass ich in so einer abwertenden Form dargestellt wurde? Ganz am Ende wurde noch der Satz nachgeschoben: »Im Auswärtigen Amt heißt es auf *Bild*-Anfrage, Miss Germany sei ›eine der profiliertesten deutschen Klima- und Nachhaltigkeits-Aktivistinnen, mit der die Bundesregierung regelmäßige Arbeitskontakte pflegt.‹« Netter Versuch. Besänftigen konnte mich das nicht. Denn es war ein Angriff auf alles, wofür ich kämpfe und wofür ich stehe.

Auch Menschen aus meinem Umfeld fiel es schwer, mich und meine Mission mit der Auszeichnung als Miss Germany zusammenzubringen. Die Modelwelt, zu der ich nun Zugang hatte, sei toxisch, und es gehe nur um Judgement, um Beurteilung und Bewertung aufgrund meines Aussehens. Aber selbst wenn es stimmte, was sie sagten, wollte ich diese Erfahrung selber machen. Lange hatte ich nicht einmal das Privileg, mich bewerben zu dürfen. Als Woman of Color aus der Favela. Ich wollte es ausprobieren. Dadurch durfte ich alle Paradigmen brechen und vielen Frauen, die so aussehen wie ich, zeigen: Es gibt Wege! Und ja, ich liebe Modelling. Wisst ihr, warum? Die Arbeit für unser Straßenkinderprojekt mache ich umsonst. Wenn ich einen Nachmittag lang ein Shooting habe, wofür ich ein Honorar bekomme, dann ist das für mich einfach nur traumhaft.

So oft sitze ich mit Leuten in Meetings, denen ich klarmachen muss: Ihr werdet bezahlt, um hier zu sitzen, ich bin aus Überzeugung hier. Natürlich habe ich mit Menschen aus Politik und Wissenschaft schon großartige Projekte umgesetzt. Projekte, die einen Impact haben, Freude machen, erfüllend sind. Aber ich musste auch die schmerzhafte Erfahrung machen, als Aushängeschild benutzt zu werden, als die Woman of Color aus armen Verhältnissen. Eigentlich ging es dann nur darum, dass ich da war, um einen Haken an den Punkt »Diversity« auf der Agenda setzen zu können. Sobald ich den Raum verließ, kehrten sie zu ihren alten Mustern zurück, ohne dass sich je etwas ändern würde. Wie eine Marionette kam ich mir vor, die man einlädt, nur um sagen zu können, sie war da. Das brachte mich nicht weiter. Ich brauchte einen Boom in der Presse, damit meine Themen relevant werden. Dieser Boom war meine Ernennung zur Miss Germany. Von da an hat mich keiner mehr ignoriert.

Wir können nicht mehr so reden, dass sich nur eine Zielgruppe verstanden fühlt, weil wir so automatisch alle anderen ausgrenzen. Mein Leben lang dachte ich immer, *wir* sind die Minderheit. *Wir, die Armen. People of Color. Die Frauen.* Aber nein, wir sind nicht die Minderheit. Also wie können wir eine Kommunikation bilden, bei der sich die breite Masse angesprochen fühlt? Um die Wahrheit zu sagen: Beim Modeln ist mein Impact größer, als wenn ich an der Universität spreche. Denn ich kann sagen: »Okay, ich arbeite als Model, aber nur für dieses Brand, weil dort keine Kinder ausgebeutet werden.« Damit erreiche ich die Gen Z, die keine Zeitung anfasst und keine Nachrichten guckt, aber meine Posts liest.

Die jüngere Zielgruppe anzusprechen ist für mich essenziell, denn die meisten Lösungen für ein nachhaltiges Leben werden zukünftig mit ihnen entstehen. Das bedeutet auch: mit Technologie und Digitalisierung. Deshalb liebe ich Social Media. Es ersetzt nicht, dass wir an Orte gehen, um Menschen zu spüren und zu umarmen, mit eigenen Augen sehen, was dort passiert – um Mensch zu bleiben. Doch es hat mir etwas gegeben, das unvergleichlich war. Die Presse wollte vorher nicht über mich berichten. Meine Geschichte sollte jemand anderes schreiben, aber nicht ich. Wer ist Domitila Barros? Ich existierte nicht. Auch nach all den Jahren nicht, in denen ich kontinuierlich auf der ganzen Erde diese Arbeit machte. Nie durfte ich meine Meinung einbringen, Entscheidungen treffen oder Impulse geben. Dann entdeckte ich Social Media für mich, konnte dieses Narrativ verändern – und meine Welt.

For real?

Manchmal muss ich mich kneifen, um mir selbst zu beweisen, dass ich das alles nicht nur träume. So ein Moment war auch, als ich mein Foto in einem Online-Editorial der brasilianischen *Vogue* sah und die Freude fast mein Herz gesprengt hätte.

Durch Miss Germany und die sozialen Netzwerke haben sich so viele Türen geöffnet, dass es mir fast unwirklich vorkommt. Dadurch konnte ich Selbstbewusstsein entwickeln. Es half mir, mich weniger angreifbar zu machen, wenn ich mal wieder nicht dem Bild entsprach, das ein Mensch für manche zu sein hat, der die Welt verändert. Bei den Filmfestspielen in Cannes wurde ich zum Beispiel mit dem World Influencer Award für mein Engagement ausgezeichnet. Mit *She Is From The Jungle* war ich unter den Finalisten für den Deutschen Nachhaltigkeitspreis, ein Jahr später saß ich bei der Verleihung in der Jury. Mit Ursula von der Leyen tauschte ich mich über soziale Themen aus, drehte mit Annette Frier »Der Pfau«.

In Brasilien nahm ich sogar an »Big Brother« teil, obwohl mein Papa wirklich alles versucht hat, mich davon abzubringen. Er konnte nicht verstehen, wie man sich dem aussetzen kann, und fürchtete, ich könnte mein Gesicht verlieren. Aber er wusste, ich habe meinen eigenen Kopf. Mir war nämlich klar, dass die Show jeden Tag von Millionen Zuschauern gesehen wird. Auf einmal hatte ich rund 1,7 Millionen Follower – so unfassbar viele, die ich für meine Themen interessieren konnte.

Wenn es Wege gibt, auch wenn sie unkonventionell sein mögen, um für meine Anliegen Zuhörer zu finden, dann beschreite ich sie. Menschen, die sich sonst vielleicht nicht für meine Themen interessieren, muss man eben da abholen, wo sie zu finden sind. Ich möchte, dass mir die Politik und die Wissenschaft genauso zuhören wie diejenigen, die sich bei Reality TV gut unterhalten fühlen. Ein Widerspruch? So what? Seit der Zeit im Container habe ich in Brasilien Fanclubs, gehe zu Veranstaltungen mit Security. Die Leute rufen meinen Namen, wenn sie mich auf der Straße erkennen. Ob ich das brauche? Absolut nicht. Aber unendlich gern bin ich die gute Fee der Armen. Zu Hause wurde ich für viele Menschen aus den Elendsvierteln zum Vorbild. Ich stehe für die Hoffnung, dass es einen Ausweg gibt.

Dann der Termin beim Sekretariat für Umwelt in Brasilien: Ich darf einen Vortrag halten. Superwichtig. Eine große Sache. Am Ausgang stehen Trauben von Menschen, die mit mir Fotos machen wollen, es sind zu viele, als dass ich sie zählen könnte. Ich fühle mich in diesem Moment erfüllt und glücklich. So glücklich, dass ich weinen könnte. Weil mir Kinder und Jugendliche sagen, dass sie stolz sind, Brasilianer zu sein, seit sie meine Geschichte kennen. Es gibt ihnen die Hoffnung, dass sie so viel mehr erreichen können. Denn ich habe alle Tabus gebrochen. Nicht nur, weil ich ausgewandert bin, sondern, weil ich einen Master habe. Ich zeige ein anderes Bild der schwarzen brasilianischen Frau. Kein besseres oder schlechteres, einfach ein anderes. Es geht mir um Diversität.

Mir bedeutet es viel, eine andere Wirklichkeit sichtbar zu machen. Damit die Menschen die Möglichkeit haben zu verstehen, dass Zugang zu Bildung Leben ändern kann. Ich breche mit Stereotypen, um zu zeigen: Guck mal, so sind wir! Viel wichtiger als Herkunft oder Hautfarbe sind deine Werte, wohin du gehen und was du hinterlassen willst.

Inmitten all dieser Menschen, die mich nach dem Event umarmen wollen, spüre ich so viel Verbundenheit und Liebe. Zwei Stunden brauche ich vom Ausgang bis zum Auto, das mich zum Hotel fahren soll. Zwei Stunden! Ich möchte, dass jeder sein Foto bekommt, ich spreche mit jedem Einzelnen, bin vollkommen bei ihnen. Ich genieße jede Begegnung.

Diese emotionalen Momente sind es, die mich erfüllen, genauso wie die harten Fakten. Denn sie lassen sich nicht wegdiskutieren, stehen für sich. Wenn ich mich um etwas bewerbe, kann ich anführen, dass ich einen Award bekommen habe als einflussreichste Influencerin im Bereich »Nachhaltigkeit«. Sie können dann nicht mehr sagen, es gab jemanden, der besser qualifiziert war. Sie müssen ehrlich sein und mir erklären, dass sie niemanden wie mich in ihrem Team haben wollen.

Wenn es Momente gibt, in denen ich unsicher bin oder zu zweifeln beginne, dann komme ich lieber zu den Fakten, und die machen es selbst für mich schwer, mir einzureden, dass ich nichts kann oder nichts wert bin. Auch wenn ich Erfolg jetzt sicher anders definiere als früher, er nichts mit Positionen oder Status zu tun hat, spüre ich dennoch, wie wichtig er für mich ist. Von jeher war da dieses Gefühl in mir, ich bin auf der Erde, um etwas Bleibendes zu hinterlassen. Seit ich ein kleines Mädchen bin. Es ist verrückt. Und alle, die mich lange kennen, sagen zu mir: »So warst du schon immer, Domitila!«

Es kann lange dauern, bis du dort ankommst, wo du sein willst. Das beste Beispiel dafür bin ich. Darum: Sei geduldig und konzentriere dich darauf dranzubleiben – egal, wie viele Tiefschläge kommen. Alles, was du willst, wartet auf dich!

Einige Leute würden sagen, ich sei die unbeständigste Person aller Zeiten. Warum sie mich so sehen, verstehe ich. Sie nehmen nur die äußerliche Bewegung wahr, den Wechsel von Orten und Aufgaben, die Vielfältigkeit. Aber das Leben, das ich mir aufgebaut habe, braucht auch eine bestimmte Art von Konstanz und Disziplin. Menschen, die mir am Herzen liegen, begleiten mich seit vielen Jahren auf meinem Weg. Und manche Dinge, die ich als Mädchen begonnen habe, tragen noch heute Früchte, von denen ich nie geglaubt hätte, dass ich sie je würde ernten dürfen. Heute darf ich an der ESPM (Escola Superior de Propaganda e Marketing) in São Paulo, einer der zehn innovativsten Hochschulen Südamerikas im Bereich »Werbung und Marketing«, zum Thema »Leadership, Aktivismus und Personal Branding« unterrichten. Da, wo ich gebraucht werde, da bin ich. Ich gebe eine Weiterbildung für CEOs aus der Branche, die schwarz, indigen oder Teil der LGBTQI*-Community sind. Den Grundstein dafür, dass ich das heute tun darf, legte ich, als ich vor vielen Jahren mit meinen Schülern die ersten Wörter schrieb.

Wenn ich an solchen Orten bin wie dieser renommierten Hochschule, dann wird mir bewusst, welch große Verantwortung ich trage. Ja, ich bin glücklich, ein Teil davon zu sein, mitgestalten zu dürfen, aber ich möchte dieses Privileg auch teilen. Ich will mich weiter dafür einsetzen, dass junge Menschen, denen die finanziellen Mittel fehlen, dort zu studieren, ebenfalls die Chance dazu bekommen. Denn das sind die Dinge, an denen sich der eigentliche Erfolg für mich misst, mehr noch, als dass ich dort unterrichten darf.

Manchmal stelle ich mir vor, wie es wäre, ein Büro zu haben, von dem aus ich den ganzen Tag nur Geld ausgeben könnte für Menschen, die es verdient haben. Mit meinen Eltern würde ich anfangen und ihnen das Haus kaufen, das sie verdienen. Natürlich würden sie sofort abwinken, sagen, sie hätten doch alles, was sie brauchen, aber mein Herz würde aufgehen, könnte ich es ihnen eines Tages ermöglichen. Die beiden gönnen sich selbst nicht viel. Vielleicht motivieren sie mich gerade deshalb so oft dazu, die Sachen zu machen, die ihnen selbst verwehrt geblieben sind. Um Verpasstes nachzuholen. Besonders meine Mutter liebt es, die Dinge durch mich zu erleben. Inzwischen war ich an so vielen Orten, an denen sie physisch nie war. Doch durch meine Erzählungen und Fotos nehme ich sie mit – dann sieht sie die Welt durch meine Augen. Sie sagt, es würde ihr genügen.

Außer bei Paris, da war es etwas anderes. Durch jedes Foto, das ich postete, durch jedes Gespräch darüber wurde ihre Sehnsucht nur noch größer. Und ich wollte nichts mehr, als sie einmal dorthin mitzunehmen. Ihr ganzes Leben hat sie davon gesprochen, einmal nach Paris zu fliegen. Niemals hätte sie gedacht, dass dieser Wunsch sich je erfüllen würde.

Schon als Mädchen hatte sie diese Stadt durch Bücher und Filme kennengelernt, die ihre Neugier entfachen. Daraufhin sogar begonnen, Französisch zu lernen. Wie romantisch musste es dort sein! Eine Stadt voller kleiner Cafés, schick angezogener Leute und hübscher Häuser, von denen manche wie kleine Schlösser aussahen. An jeder Ecke duftete es dort nach Gebäck.

So stellte meine Mama es sich vor. Eine Parallelwelt, ganz

anders als alles, was sie kannte. Es war ihr großer Traum, dort einmal in ihrem Leben ein Croissant zu essen, den Eiffelturm zu sehen und einen ganzen Tag nur hinaufzuschauen.

Auch für mich war es ein Geschenk, diesen Traum für sie wahr werden zu lassen. Eine PR-Agentur hatte mich gebucht, um während der Pariser Fashion Week für Modefirmen aus Dubai als Influencerin zu arbeiten. Als sie sagten, ich könne eine Person mitnehmen, war meine erste Frage: »Darf die Person von überall auf der Welt anreisen?«

Es kann auch ernüchternd sein, so lange einer Sache nachzuhängen und sie dann real vor sich zu sehen. Aber Paris war noch besser, als meine Mama es sich erträumt hatte. Wir waren sogar in einem schönen Hotel untergebracht, etwas, das für sie bis dahin völlig undenkbar gewesen war. Es war das Luxuriöseste, das sie je erlebt hat. Da ich zuvor schon zweimal in Paris gewesen war, wusste ich, es gibt einen schönen Ort, von dem man den Eiffelturm sehr gut aus einiger Entfernung sehen kann. Der Tag der Ankunft sollte genau so werden wie in ihren Träumen. Also kauften wir in einer kleinen Bäckerei zwei frisch gebackene Croissants, setzten uns auf eine Bank an diesem Platz und haben auf das Wahrzeichen von Paris geschaut.

»Mama, jetzt darfst du den ganzen Nachmittag hier sitzen und es genießen.«

Das war für meine Mutter die wahrscheinlich schwierigste Aufgabe in ihrem ganzen Leben. Sie kennt es nicht, nichts zu tun und einfach zu sein. Doch als sie sich darauf einließ, konnte sie nicht mehr aufhören zu lächeln. Für mich war es unglaublich rührend, sie so zu erleben. Mit lauter kleinen Blätterteigkrümeln auf dem Kleid und diesem seligen Ausdruck im Gesicht. Wer ist die Mutter, wer das Kind? Die Zeit auf dieser Parkbank in Paris, mit Blick auf den Eiffelturm, war so eine Situation, in der die Rollen sich tauschten. Ein bisschen fühlte ich mich wie die Mutter, die ihrer Tochter die Welt zeigt. Es macht mich bis heute froh, dass ich ihr diese kindliche Sehnsucht erfüllen durfte, als ich längst erwachsen war.

Unsere kleine Reise hat mir noch mal verdeutlicht, wie dankbar ich sein konnte, das Kind meiner Eltern zu sein. Viele meiner deutschen Freunde sind sehr behütet aufgewachsen und haben im Erwachsenenleben oft große Schuldgefühle ihren Eltern gegenüber. Sie müssen zu Hause diesen Eindruck erzeugen, dass sie sich auch genug kümmern. »Nein, das kann ich nicht machen, dann ist meine Mutter traurig!«

Bei mir ist das anders. Wenn Mama mir eine Nachricht schickt und ich bin gerade irgendwo eingebunden, dann weiß ich, eines meiner fünftausend Geschwister – ja, so viele Kinder sind es, die über die Jahrzehnte im Projekt betreut wurden! – wird schon reagieren und helfen. Ich habe nicht das Gefühl, ich muss alles für meine Eltern regeln oder alles für meine Eltern sein. Ich bin nicht ihre einzige Liebes- und Hoffnungsquelle. Diesen Druck habe ich nicht. Wenn ich an Mama und Papa denke, weiß ich, sie sind sowieso beschäftigt. Sie sitzen nicht gelangweilt zu Hause und warten darauf, dass ich mich melde. Meist sind sie viel zu busy, um überhaupt ranzugehen.

Ich mag Menschen, die ein eigenes Leben haben. Denn nur mit ihnen darf ich mich selbst kennenlernen und herausfinden, was mich glücklich macht, weil ich keine Erwartungen erfüllen muss oder versuche, jemand zu sein, der ich nicht bin.

Dass man Menschen aus der Ferne lieben kann, habe ich früh gelernt – und es macht mir heute mein Leben leichter.

Meine Eltern haben mir beigebracht, anders zu denken. Dass verschiedene Blickwinkel möglich sind. Als die ersten meiner Freundinnen früh schwanger wurden, haben sie nie irgendeinen Druck ausgeübt, auch bald Großeltern werden zu wollen. Obwohl das in Brasilien ein riesiges Thema ist. Meine Mutter hat mir damals erklärt, dass es auch etwas mit mangelnden Perspektiven zu tun hat, dass sie diesen Weg einschlagen. Die meisten Frauen in Brasilien haben in meinem Alter die Familienplanung längst abgeschlossen. Ich weiß mit fast vierzig Jahren noch nicht einmal, ob ich jemals Kinder haben werde. Dafür muss ich mich in meiner Heimat oft erklären, aber niemals vor meinen Eltern.

Beide haben mir auch vorgelebt, dass Liebe nichts mit Besitz zu tun hat. Sie sind sehr verschieden, aber lassen den anderen so sein, wie er ist. Mama ist die Abenteuerlustige. Papa ist zufrieden, wenn er seine Leute um sich hat. Seine ganze Welt ist Linha do Tiro. So war er immer. Auch wenn man nicht dieselben Interessen und Wünsche hat, kann man genauso stark verbunden sein.

Bei meinen Eltern habe ich gesehen, dass sie Auseinandersetzungen haben, unterschiedliche Meinungen, aber es war nie ein Grund, warum ihre Liebe scheitern sollte. Sie haben mir beigebracht, offen über Dinge zu sprechen. Das war und ist für meine zwischenmenschlichen Beziehungen unheimlich wichtig. Durch ihr Vorleben hat Liebe für mich ein anderes Konzept. Liebe bedeutet nicht, jeden Tag zusammen zu sein. Ich liebe es, ein Wochenende mit meiner Familie zu verbringen, aber einen ganzen Monat? Es ist Quality over Quantity.

Seit acht Jahren bin ich mit demselben Partner zusammen. Doch da ich nichts über ihn poste, denken alle von mir, dass ich entweder Single bin oder jedes Jahr einen neuen Mann an meiner Seite habe. Aber ich liebe diesen einen. Wir sind beide ständig in Bewegung, aber an unserer Beziehung ändert das nichts. Das Gefühl von Freiheit und Unabhängigkeit ist für mich jedoch essenziell. Ich bin dauernd unterwegs. Aber die Zeit, die wir miteinander verbringen, ist immer wertvoll, weil wir nicht wissen, wann wir uns das nächste Mal wiedersehen. Das gefällt mir.

Ich bin froh, dass ich es geschafft habe, ein Leben in Freiheit zu führen. Damit meine ich nicht, dass alles nach meinen Bedingungen laufen muss, aber je freier ich bin, desto besser geht es mir, und umso glücklicher kann ich auch andere machen. Das Grundbedürfnis nach Freiheit ist größer als ich. Ich tue Sachen und treffe Entscheidungen aus diesem Grund.

Für viele Leute aus einem extrem patriarchalischen Land wie Brasilien, in dem die meisten Haushalte von Frauen geführt werden und die Männer den Frauen diese Freiheiten gar nicht geben würden, mag das schwer zu verstehen sein. Dabei ist es denkbar einfach: Wir können uns nicht so oft sehen, wie wir gern würden, wir haben auch nicht nur Gemeinsamkeiten. Aber keiner hat mich je so geliebt wie er.

Ist unsere Beziehung perfekt? Nein. Hat er das Ganze schon mal infrage gestellt? Natürlich! Hat mich das verunsichert? Und wie. Ich wäre fast gestorben vor Angst, ihn zu verlieren. Du kannst mich im offenen Ozean schwimmen lassen ohne ein Boot, das mich zurück auf die Insel bringt, aber wenn ich meinen Lebenspartner gefunden habe und mit ihm die Möglichkeit, emotional so vieles zu sein, zu haben und zu erleben, dann geht es um alles. Haben wir uns schon getrennt? Ja, zweimal sogar. Und wieder zueinandergefunden. Unsere Liebe ist konstant geblieben. Auch wenn wir zwischendurch Zeit brauchten, um zu heilen, um zu verstehen. Uns selbst und den anderen. Wir haben uns diese Räume immer gegeben. Er hat mir gezeigt, dass es möglich ist, das Leben mit mir zu teilen. Und dass es gar nicht so schwer ist, mich zu lieben – auch dann nicht, wenn ich es selbst nicht konnte.

Als wir meinen Eltern kürzlich erzählt haben, dass wir uns verlobt haben, hätte die Situation nicht typischer sein können. Wir saßen bei ihnen zu Hause zusammen beim Essen, er räusperte sich, ergriff das Wort, verkündete die große Neuigkeit – und erwartete mit breitem Lächeln die freudige Reaktion. Aber es kam: nichts. Niemand stand auf, niemand schloss uns in die Arme. Es war Nebensache, weil meine Eltern irgendein Problem im Projekt zu klären hatten und sich alles mal wieder nur darum drehte.

»Ja, okay, super, aber wir müssen leider schon los«, sagten sie und waren bereits halb aus der Tür.

Sie lieben ihn. Sie lieben mich. Aber sie haben auch ein eigenes Leben. Ich schätze es, dass sich ihre Welt nicht nur um mich dreht. Über die Jahre habe ich mich daran gewöhnt, dass sie oft sehr nüchtern auf die Dinge reagieren, die für mich die Welt bedeuten. Für meinen Partner jedoch war es in dem Moment vollkommen unverständlich. Aber für mich war klar, dass ihre Art und Weise, damit umzugehen, nichts anderes bedeutete als das totale Einverständnis.

Glück

Die Leute hängen häufig fest in Vorstellungen davon, wie das Leben zu sein hat, was Glück zu bedeuten oder wie eine Familie auszusehen hat, sodass sie gar nicht das Leben leben können, das möglich wäre. Wenn man die Dinge aufschreibt, die einen glücklich machen, und die, mit denen man seinen Tag verbringt, dann kommen spannende Sachen dabei heraus. Ich empfehle jedem, das einmal zu tun, die beiden Listen miteinander zu vergleichen, darauf zu achten, in welchen Momenten du dich am besten fühlst, und dem nachzugehen.

Die Dinge, die mich heute glücklich machen, sind andere als die, nach denen ich mich als kleines Mädchen sehnte. Was sich aber nicht verändert hat, ist das klare Ziel, immer nach ihnen zu suchen und mich nicht mit weniger abzufinden. Ich bin sehr frei, was materiellen Besitz und Orte angeht. Je mehr du hast, desto mühsamer wird alles. Um ein leichtes Leben zu haben, brauchst du leichtes Gepäck. Sonst bist du gefesselt an einen Ort, an dem all diese Sachen sind, um die du dich kümmern musst. Mein ganzes Leben passt in einen Koffer, das ist das geilste Gefühl. Wenn ich weiß, ich kann bleiben, denn ich brauche nicht viel, um zu sein. Und ich kann jederzeit gehen, solange ich genug Geld auf dem Konto habe, damit ich mir ein Ticket leisten kann.

Mein persönliches Lebensziel ist es, dass ich tun kann, was ich liebe, und gehen kann, wohin ich will, wann immer ich will. Ich brauche viel Abwechslung, Routine tötet mich. Es ist ein schönes, aber auch ein anstrengendes Leben. Manchmal, wenn ich nach einem Event alleine im Auto sitze, spüre ich, dass ich alles dort gelassen habe. Es ist, als wäre all meine Energie aus meinem Körper gewichen. In diesen Momenten wird mir bewusst, dass ich mit dem, was ich geben kann, haushalten muss, um eine Kraftquelle für andere zu bleiben, auch langfristig.

Wenn Geld das Geheimnis des Glücks wäre, dann sollten die Reichen vor lauter Freude glücklich in den Straßen tanzen.

Das habe ich noch nie gesehen, aber bei uns in der Favela, dort sehe ich das. Jedes Mal, wenn ich dorthin zurückkehre, beobachte und spüre ich diese Lebensfreude. Die Menschen, die nichts haben, sind der beste Beweis, dass Glücklichsein nichts mit Besitz zu tun hat. In der Favela ist die Definition eine andere. Wir sagen, dass glückliche Menschen oft Hilfe anbieten, bevor sie gefragt werden. Sie sind sensibel und identifizieren die Bedürfnisse anderer. Sie nehmen sich Zeit für die Menschen, die sie lieben. Sie teilen das, was sie haben, auch wenn es wenig ist, und sind tolerant. Sie können zuhören, ohne zu urteilen.

Eine andere bemerkenswerte Angewohnheit der Glücklichen ist die Fähigkeit, vor Freude über den Erfolg anderer zu platzen. Sie sind glücklich, wenn andere glücklich sind. Für mich ist es das, was eine funktionierende Gemeinschaft ausmacht. Materiell betrachtet, haben wir nicht viel, aber wir haben einander. Darum sind wir so viel reicher als die meisten.

Glück hat mit Leichtigkeit zu tun. Auf Menschen bezogen, auch damit, verzeihen zu können. Wenn du nicht verzeihst, dann bleibt der Groll bei dir, verzeihst du den Menschen aber, lässt du den Schmerz los. Nimm Abstand von jenen, die dir nicht guttun. Man kann buchstäblich spüren, wie die eigene Energie aufgebraucht wird, wenn man sich in der Nähe von Menschen befindet, mit denen man nicht zusammen sein sollte. Stattdessen müssen wir diejenigen erkennen und wertschätzen, die auch dann für uns da sind, wenn es mal nicht glänzt um uns herum. Die deinen Namen verteidigen, wenn du nicht in der Nähe bist. Sie sind die loyalsten Freunde, die du jemals haben kannst.

Niemand verbringt so viel Zeit mit dir wie du selbst. Achte deshalb darauf, wie du mit dir selbst sprichst. Betrachte dich liebevoll. Ich laufe, rede und lebe mit dem Herz auf der Zunge, ich habe keine Angst, meine Meinung zu sagen. Frauen wie ich gelten schnell als fordernd und impulsiv, aber ich habe Frieden damit gefunden. Wie wir in Berlin sagen: Icke bin so! Wenn ich glücklich bin, bin ich glücklich. Wenn ich sauer bin, bin ich sauer. Es gibt keinen Graubereich. Ist das immer schön? Sicher nicht. Aber so bin ich: Domitila.

Die Fähigkeit, mich zu entwickeln, zu mir zu stehen und mir selbst zu genügen, zähle ich zu den wertvollsten Dingen in meinem Survivor-Beutel. Vielleicht gehörst du zu jenen, die glauben, sie wären zu empfindlich, dass ihre Empfindsamkeit ein Fluch wäre oder etwas mit ihnen nicht stimmt, weil sie die Welt anders wahrnehmen als die Mehrheit. Dann möchte ich dir zurufen: Ich sehe dich, ich schätze dich, und ich fühle dich, you are the shit! Die einzige Person, die immer für dich da sein wird, bist du selbst. Scheiß auf das Über- oder Unterschätztwerden, fokussiere dich darauf, dich selbst wertzuschätzen. Klopfe dir nicht nur für die Dinge auf die Schulter, die du schon erreicht hast, sondern auch für alles, was du überwunden hast, schlechte Beziehungen, Schulden, Traumata, alles, einfach alles. Man vergisst so schnell, was man alles geschafft hat, und bestraft sich für die Dinge, die nicht geklappt haben. Mach dich nicht abhängig davon, dass andere dir die Anerkennung geben, die du verdienst. Gib sie dir selbst!

Niemand wird kommen, um dich vor dir selbst zu retten. Deine inneren Dämonen, dein mangelndes Vertrauen, deine Unzufriedenheit mit dir selbst und deinem Leben sind Dinge, die du selbst angehen musst. Nur Selbstliebe und gute Entscheidungen werden dich retten. In meinem Fall entsteht diese Selbstliebe gerade in Verbindung mit einer tiefen spirituellen Verbindung zum Leben, und diese bringt gute Entscheidungen hervor. Für mich ist eine der wichtigsten Eigenschaften eines erfolgreichen und zufriedenen Menschen, an sich selbst zu glauben – vor allem dann, wenn keiner sonst das tut.

Mein Herz bricht fast jedes Mal, wenn Leute den Begriff »realistisch« verwenden, wenn sie eigentlich hoffnungslos und pessimistisch in die Zukunft blicken. Ich finde es traurig, dass so viele Menschen in Positivität eher eine Täuschung oder Schwäche sehen. Die Hauptursache für Unzufriedenheit ist meist nicht die Situation selbst, sondern das, was man darüber denkt und fühlt. Nichts hilft besser dabei als unsere Fähigkeit, einen positiven Gedanken einem negativen vorzuziehen. *The best things in life aren't things.* Jedes Mal, wenn ich mich an die Gesichter all der Menschen erinnere, die in mein Leben kamen, um mir beizubringen, was es heißt, glücklich zu sein, bin ich voller Dankbarkeit. Jeden Tag lerne ich weiter von ihnen, um die Freude in mir leuchten zu lassen.

Was mir geholfen hat, meine Ziele zu verwirklichen, ist die Art und Weise, wie ich auf mein Leben blicke – und wie ich meine Geschichte erzähle. Ich könnte auf Menschen zugehen und sagen: »Hallo, ich komme aus einer Favela, viele meiner Freunde wurden ermordet, und ich hatte es immer schwer im Leben.« Aber das tue ich nicht. Nicht mehr. Stattdessen sage ich heute: »Leute, obwohl ich keinen leichten Start hatte, konnte ich in Deutschland studieren und meinen Master in vier Sprachen verteidigen. Ich bin superglücklich, heute ein Vorbild für andere Menschen sein zu dürfen.« Ich ver-

stehe und wertschätze meine Vergangenheit, spirituell, ge-
schichtlich, familiär betrachtet. Aber ich habe mich immer
geweigert zu glauben, dass ich geboren wurde, nur um zu
überleben.

Ich glaube fest daran, dass wir alle nur Besucher dieses
wundervollen Planeten namens Mutter Erde sind. Wir sind
hier, um zu beobachten, zu lernen, zu wachsen, zu lieben. Wir
sind auf der Erde, um zu leben und um alle Erfahrungen wertzuschätzen, auch wenn sie schmerzhaft sind und wir sie als
ungerecht und grausam empfinden. Das wirklich zu spüren
ist etwas, das die Spiritualität mir sehr jung ermöglicht hat.
Und ich wertschätze die bitteren Erlebnisse meiner Kindheit,
die Armut, die Gewalt, den Tod meiner Freundin, über die
Perspektive: Du hättest an ihrer Stelle sein können, nutze die
Zeit gefälligst vernünftig, relativiere die Dinge gefälligst vernünftig! Es hat mich motiviert herauszufinden, wie ich die
Person sein kann, die etwas Gutes hinterlässt. Würde ich
meine Eltern fragen, warum ich noch auf der Erde bin, dann
wäre ihre Antwort: »Weil es das ist, was wir zu tun haben.«

Erst durch meine tiefe Krise ist mir bewusst geworden,
dass ich die Fähigkeiten, die ich schon als kleines Mädchen
entwickeln musste, um zu überleben, nutzen kann, um
schwere Phasen zu überstehen. Die vermeintliche Schwäche
als Stärke anzunehmen, ist eine der wertvollsten Errungen-
schaften meines Lebens. Meine Kindheit, meine Herkunft,
mein Weg haben mir gezeigt, was es wirklich bedeutet, glücklich zu sein. Weil meine Welt durch äußere Bedingungen be-
grenzt war, lernte ich, dass die größte Freiheit bedeutet, sich
in seinen eigenen Gedanken und Vorstellungen nicht limitieren zu lassen.

Und dass absolut alles möglich ist.

Epilog

Mein Leben lang konnte ich nicht in den Schlaf finden. Wie mir meine Eltern später erzählten, schaffte ich schon als Baby den Absprung nur, wenn ich so erschöpft war, dass ich die Augen nicht mehr offen halten konnte. War ich irgendwann endlich eingeschlafen, wachte ich bei der ersten Gelegenheit jedoch wieder auf. Ein Geräusch, die kleinste Veränderung im Raum, jemand, der mich betrachtete. Das reichte schon. Spätestens mit dem Übergang zum Kleinkindalter ändert sich das normalerweise, bei mir aber nicht. Es war, als fiele ich gar nicht in tiefen Schlaf, sondern wäre immer in Habachtstellung, immer vorbereitet auf alles Mögliche. Um nichts zu verpassen, die Kontrolle zu behalten.

Maria Teresa Tomaz, eine brasilianische Professorin und Freundin meiner Eltern, lernte mich kennen, als ich noch ganz klein war. Einmal hat sie einen Satz über mich geschrieben, der für mich eine große Bedeutung hat. Er steht in ihrem Gastbeitrag in dem Buch mit dem dottergelben Einband, das meine Eltern zum dreißigjährigen Bestehen des Straßenkinderprojekts veröffentlicht haben: »CAMMs Weg – Ein Traum, den man nicht alleine träumt«, lautet der Titel. Darin schreibt sie: »Domitila, das erste Kind des Paares, war noch kein Jahr alt und hatte schon Schwierigkeiten, bei dem täglichen Aufkommen an Leuten im Haus zu schlafen.« Früher war es für mich nur eine interessante Beobachtung, aber im Laufe der Zeit konnte ich erkennen, wie viel er über mich erzählt, dieser kurze, schlichte Satz: Ruhe hatte ich eigentlich nie. Weil wir mit fünfzig Kindern zusammenlebten, klar, aber es ging nicht nur um die Lautstärke um mich herum. Wer schlafen will, braucht auch innere Ruhe. Und die habe ich lange nicht gefunden.

Als Kind und auch als Teenager wehrte ich mich, ins Bett zu gehen, als erwachsener Mensch brauchte ich manchmal Stunden, um einzuschlafen. Sich hinzulegen, loszulassen und den Übergang in diese andere Welt zu schaffen war nicht nur extrem schwierig für mich, ich verband es auch nicht mit einem positiven Gefühl. War es mir gelungen, in den Schlaf zu finden, wachte ich noch vor Sonnenaufgang wieder auf, wälzte mich hin und her. All die inneren Dämonen, die ich nicht eingeladen hatte, raubten mir den Schlaf. Schwere Gedanken ans Gestern, sorgenvolle ans Morgen, Enttäuschungen und Konflikte wuchsen in der Dunkelheit der Nacht zu unbezwingbarer Größe heran. Mich fallen zu lassen und zu schlafen war eine der größten Aufgaben, die ich zu bewältigen hatte. Denn es bedeutet, Frieden mit sich zu finden und sich selbst anzunehmen. Sich sicher zu fühlen, geborgen, keine Angst zu spüren. Wärme. Zufriedenheit. Gelassenheit. Weil jetzt, in diesem Augenblick, alles in Ordnung ist.

Dort, wo ich groß geworden bin, war es ein Privileg, überhaupt ein Fenster zu haben. Wenn ich durch die winzige Öffnung in unserem Schlafzimmer hinaus auf die Straße blickte, sah ich nur Chaos, Armut und Gewalt. Angstfrei aufzuwachen und auf eine sichere Umgebung zu schauen war immer mein Traum. Berlin hat mir ermöglicht, diese andere Perspektive auf mein Leben einzunehmen. An die Wohnung, in die ich mit meinem Freund zog, hatte ich keine besonderen Ansprüche. Außer: Die Fenster sollten so groß sein wie irgendwie möglich! Wenn ich heute rausschaue, dann sehe ich nichts, was mir Angst macht. Zu wissen, am nächsten Morgen mit diesem veränderten Blickwinkel aufzuwachen, hat mir eine innere Ruhe gebracht, die ich vorher nicht kannte, den Trost, den ich so lange suchte.

Heute gibt es viele Nächte, in denen ich tatsächlich ruhig schlafe und es als etwas Genussvolles betrachten kann. Bis dahin war es ein langer Prozess. Erst als ich Vergangenes ruhen ließ und anfing, meine Träume zu leben, konnte ich die Augen schließen und friedlich schlafen.

Danke

Als Erstes möchte ich mich bei meinem Schatz bedanken. Ohne dich und deine Rückendeckung hätte ich es niemals geschafft, dieses Buch zu Ende zu bringen. Unser beider Alltag ist oft so atemlos, voll von Ereignissen, Höhen und Tiefen, Herausforderungen und Sorgen, Freude und tollen Vorhaben. Kaum Platz im Kalender. Es war sicher oft nicht einfach, mir den Raum zu geben, mich hinzusetzen und dranzubleiben. Es gab Momente, in denen ich daran zweifelte, ob meine Geschichte überhaupt spannend genug wäre, um ein ganzes Buch zu füllen. Aber du hast mich aufgebaut, mich inspiriert und gestärkt weiterzumachen. Das ist einfach großartig!

Ich schreibe es nicht zum ersten Mal, aber ich kann es nicht oft genug wiederholen: Meine Eltern sind meine Heroes und Vorbilder. Ich bin dankbar, in diese Familie hineingeboren und mit diesen Menschen groß geworden zu sein. Danke, dass ihr mir erlaubt habt, die Frau zu werden, die ich gemeint zu sein bin. Danke, dass ihr mich gestärkt habt, auch als ihr euch noch nicht vorstellen konntet, wohin mein Weg mich führen würde.

Dank euch wurde ich nicht nur geboren, dank euch darf ich leben. Ihr inspiriert mich täglich, eine bessere Domitila zu werden, einfach dadurch, wie ihr seid und wie ihr lebt. Wenn ihr nur wüsstet, wie oft ich in Situationen gerate, in denen ich mir die Frage stelle: Was würde meine Mama tun? Welche Lösung würde mein Papa für dieses Problem finden, wo würde er die Grenze setzen? Daraus wachsen die besten Entscheidungen. Plötzlich ist alles gut, alles gemeistert. Danke, dass ich Domitila sein darf, mit all meinen Schwächen und all meinen Stärken. Mich zu verstehen ist bestimmt manchmal schwer.

Auch beim Schreiben seid ihr meine Motivation, denn es war euch immer wichtig, eure Gefühle durch das geschriebene Wort zum Ausdruck zu bringen.

Carlinhos, du darfst niemals fehlen. Mein Bruder, mein Partner for Life, mein bester Freund. Der Mann mit dem Herz aus Gold, der alleinerziehende Vater von Henrique. Wir zwei haben unsere eigene Welt, und in der ist alles so viel wärmer und friedvoller als in der da draußen. Ich liebe dich, und eines Tages möchte ich so gut sein wie du! Danke dafür, dass du zu mir hältst, darauf achtest, dass ich mich selbst gut behandle, damit ich nie wieder an den Punkt komme, an dem kaum mehr etwas von mir übrig ist. Während ich diese Worte schreibe, muss ich weinen. Was uns verbindet und was nur wir über die Jahrzehnte geteilt und erlebt haben, ist so stark und so intensiv, dass es uns für immer verbinden wird. Seit achtzehn Jahren, seit dem Tag, an dem ich hinausgezogen bin in die Welt, vermisse ich dich jeden einzelnen Tag, an dem wir getrennt sind.

Während ich dieses Buch schrieb, wurde mir klar, wie stark die Präsenz meiner beiden Großmütter in meinem Leben bis heute ist, auch wenn sie nicht mehr leben. Sie wären glücklich und stolz darauf, dass ich das, was sie mir mitgegeben haben, hier mit einfließen lassen konnte. Sie waren unfassbar starke Frauen, die mich geformt haben, und das weiß ich heute mehr denn je zu schätzen.

Danke an meine Schwester Bel und meinen Neffen Henrique dafür, dass ihr unsere Familie gerettet habt, mit eurer Energie und eurer Lebensfreude, der Liebe und dem Trost, der ihr für uns alle seid. Ihr kamt, als wir euch am meisten brauchten. Ihr gebt uns Sinn, ihr haltet uns lebendig, fordert uns heraus mit euren Themen, den Themen der neuen Generation. Ihr seid es, für die ich mich für eine bessere Welt einsetzen will, für die ich kämpfe. Und ich hoffe, ich kann euch eine kleine Motivation sein, nie aufzuhören zu lernen.

Die Empathie und die Hilfsbereitschaft, mit der ihr durchs Leben geht, lassen mich mehr als alles andere an das Gute im Menschen glauben. Dieser Glaube durchzieht jede Seite dieses Buches, denn so vieles, von dem ich hier erzähle, habt ihr mir beigebracht.

Leider habe ich es nicht geschafft, mich von meinen beiden Opas und von dir, Jaime, zu verabschieden. Auch euch gebührt mein Dank, ganz egal, wo ihr jetzt seid. Ich vermisse euch alle! Jaime, du warst unserer Familie ein treuer Freund. Als du als Pfarrer aus den Niederlanden nach Brasilien kamst, hast du mit uns in den Favelas gelebt, gepredigt und geholfen.

Danke, dass du mir meine erste Deutschstunde gegeben und mein selbst gemaltes Bild als Gegenleistung angenommen hast. Von da an schickten mich meine Eltern zum Malunterricht. Auch wenn man auf die kreative Arbeit schaut, die mein Leben seither bereichert hat, kann man sagen: Am Ende dieser künstlerischen Reise steht dieses Buch. Kreativität hat mir die Tür in eine neue Welt geöffnet, eine Welt, in der ARTivism einen Raum hat und ich dadurch etwas bewegen kann.

Meine Tanten, Cousinen und meine Schwestern von CAMM haben sich mit so viel Liebe um mich gekümmert, als ich klein war, mir beigebracht, was Sisterhood, Glaube und Empowerment bedeutet. Nicht in der Theorie, sondern wenn das alles wirklich gelebt wird. Ich weiß, dass ihr bis heute jeden Tag für mich betet, ich fühle euren Segen jeden Morgen, wenn ich erwache. Leticia, Adelma, Feena, Graciete, Gerô, Lulu, Julia, Cris, Mina. Es gibt so viele von euch, dass ich es nicht schaffe, euch alle aufzuzählen. Aber ihr wisst, wer gemeint ist und wie sehr ich jede Einzelne von euch schätze.

Natürlich könnte ich nie vergessen, meinem Engel und persönlichen Superstar Ariel einen riesigen Dank auszusprechen, genau wie meinen besten Freunden Anna, Asny, Delaine, Jimmy und Markus. Danke, dass es euch gibt. Ich habe euch alle lieb!

Ganz lieben Dank auch an meine Freunde vom Freundeskreis Arche Nova und Keerkring und der Kinderhilfe Brasilien e. V. Ihr seid ein Teil meiner Geschichte, und ich bin euch aus tiefstem Herzen dankbar! Alles fing damit an, dass meine Eltern in Amsterdam einen Vortrag vor einer Gruppe von Menschen mit Behinderungen hielten, der durch ein Paar organisiert wurde, das in Brasilien missioniert und dort einen Jungen adoptiert hatte. Später hat uns die Gruppe in Linha do Tiro besucht. Zurück zu Hause, haben sie angefangen, Aktionen für uns zu machen und jährlich zu spenden. Beim Freundeskreis Keerkring engagiert sich bis heute auch Beate, über deren Familie ich damals als Au-pair nach England gehen durfte. Außerdem Barbara, die ich ebenfalls schon als kleines Mädchen kennenlernte.

Nie würden sie zulassen, dass die Unterstützung nachlässt. Menschen wie Barbara und ihre Familie verändern die Welt. Besonders als ich in Deutschland ankam, haben sie mir meinen Start so viel leichter gemacht. Auch Birgit, Christina und Elisabeth vom Freundeskreis Arche Nova, die als Studentinnen in CAMM waren, gehören zu den Menschen, ohne die wir die schwere Krise nicht überstanden hätten. Sie sorgten durch ihre Kontakte dafür, dass ich regelmäßig vor Schulklassen sprechen konnte, die dann Spendenläufe für das Projekt organisierten, und auch in Südtirol zu Vorträgen eingeladen wurde. So fanden wir weitere Unterstützer.

Zuletzt möchte ich mich bei meinem Team von den Ullstein Buchverlagen bedanken. Es gab in meinem Leben oft Situationen, in denen ich mich unverstanden fühlte. Ihr habt mich sofort gesehen, erkannt, freigelassen und genau dort unterstützt, wo ich Unterstützung brauchte, um das Buch zu schreiben, über das ich jetzt sagen kann: Ich bin stolz darauf, es geschrieben zu haben. Hätte ich gewusst, was aus den Fragmenten, die ich über die Jahre in kleinen Büchern, auf Notizblöcken und auf dem Computer festhielt, entstehen kann, ich hätte schon viel früher damit angefangen.

Quellen

1 www.cartacapital.com.br/sociedade/os-10-mais-ricos-do-brasil-detem-quase-60-da-renda-nacional-mostra-estudo
2 www.npla.de/thema/politik-gesellschaft/armut-in-prozent/
3 https://agenciadenoticias.ibge.gov.br/en/agencia-news/2184-news-agency/news/35495-black-and-brown-persons-remain-with-less-access-to-jobs-education-security-and-sanitation
4 https://agenciabrasil.ebc.com.br/economia/noticia/2023-03/censo-falta-de-endereco-em-favelas-dificulta-registro-dos-domicilios
5 https://agenciabrasil.ebc.com.br/direitos-humanos/noticia/2023-08/rio-48-de-criancas-baleadas-foram-atingidas-em-acoes-policiais
6 https://www.anf.org.br/mortes-cometidas-por-policiais-crescem-336-na-baixada-fluminense/
7 www.handelsblatt.com/politik/international/latein-amerika-in-der-todeszone/12878934.html

8   www.amnesty.de/informieren/amnesty-report/brasilien-2022

9   www.spiegel.de/politik/man-muss-diese-kinder-toeten-a-973cbe27-0002-0001-0000-000013490068

10 https://deepstash.com/article/71805/75-motivational-gary-vee-quotes-from-instagram-istarthub#idea_95270

11 Eckhart Tolle: Jetzt! Die Kraft der Gegenwart (Kamphausen Media GmbH; 20. Edition, 2010)

12 www.nytimes.com/interactive/2018/10/02/us/politics/donald-trump-tax-schemes-fred-trump.html

13 www.nd-aktuell.de/artikel/1125749.hurrikan-dorian-die-neue-oeko-apartheid.html

14 www.zeit.de/wissen/umwelt/2020-01/erderwaermung-ozeane-temperaturanstieg-klimawandel